Vorwort

Chers apprenants de français,

Sie haben bereits einen Anfängerkurs besucht und das Niveau A1 des Gemeinsamen Europäischen Referenzrahmens für Sprachen erreicht, möchten Ihre Kenntnisse aber zunächst festigen und aktivieren? Oder Sie haben früher schon einmal Französisch gelernt und möchten jetzt wieder in diese schöne Sprache einsteigen und Ihre Grundkenntnisse auffrischen?

Dann ist ein Sprachkurs mit **Intermezzo Französisch A1** die perfekte Lösung für Sie! Denn damit können Sie das Gelernte *wiederholen*, Ihre vorhandenen Kenntnisse *aktivieren* und die notwendige Sicherheit gewinnen, um mit Muttersprachlern zu *kommunizieren*. Innerhalb eines Semesters können Sie so die wichtigsten Lerninhalte des Niveaus A1 konsolidieren bzw. einen entspannten Wiedereinstieg in die französische Sprache finden.

Durch motivierende Hör- und Lesetexte sowie abwechslungsreiche Übungen trainieren Sie die vier Kompetenzen (*Hören, Sprechen, Lesen und Schreiben*), wobei der Fokus auf der mündlichen Kommunikation und der Interaktion liegt: Zahlreiche Sprechanlässe bieten reichlich Gelegenheit, den relevanten Wortschatz und die wichtigsten Grammatikstrukturen aktiv anzuwenden.

Die Lektionen sind thematisch ausgerichtet und wie folgt aufgebaut:

- → Auf der **Einstiegsseite** finden Sie ein oder mehrere Fotos zum Lektionsthema, eine Übersicht über die Lernziele sowie – ab Lektion 2 – eine spielerische Wiederholungsaufgabe, die sich auf die jeweils vorangegangene Lektion bezieht.
- → Danach folgen **Teil A** und **Teil B**, in denen jeweils auf drei Seiten ein Aspekt des Lektionsthemas aufgegriffen wird.
- → Den Abschluss bildet die Überblicks- und Übungsseite **Récapitulons**.

Im Anhang befinden sich alle weiteren Elemente für ein erfolgreiches Lernen: eine Grammatikübersicht mit Verbtabellen, der Wortschatz nach Lektionen sowie ein alphabetisches Wortschatzverzeichnis (Französisch-Deutsch), die Lösungen zu den Aktivitäten und die Transkriptionen aller Hördialoge.

Alle Audios sind kostenlos über den Lehrwerkservice (www.hueber.de/intermezzo/franzoesisch) abrufbar oder können über die kostenlose *Hueber Media-App* für Smartphone und Tablet direkt abgespielt werden.

Unter www.hueber.de/intermezzo/franzoesisch stehen Ihnen außerdem zu jeder Lektion zusätzliche Übungen sowie ein didaktischer Leitfaden zur Verfügung.

Mit **Intermezzo Französisch A1** werden Sie fit für Ihr nächstes Lernziel!

Travaillez bien et amusez-vous !
Autorinnen und Verlag

Inhalt

Grammaire	Lexique
Fragetypen • die Präpositionen « de », « à », « en » • betonte Personalpronomen (« moi », « toi », « vous ») • Possessivbegleiter	Nationalitäten • Berufe • Adjektive, die das Äußere und den Charakter einer Person beschreiben • Verwandtschaftsbezeichnungen
Verben im Präsens • Personalpronomen « on » • Verb « faire » • Adverbien der Häufigkeit • Modalverben	alltägliche Tätigkeiten • Freizeitaktivitäten • die Uhrzeit • das Datum (Wochentage, Monate)
Ortsangaben • « il y a » • « aimer » + bestimmter Artikel	Gegenstände in einem Hotel • Essen und Trinken
Ortsangaben • « à » und « de » + bestimmter Artikel • Demonstrativbegleiter (« ce/cet », « cette », « ces »)	städtische Gebäude und Einrichtungen • Körperteile • Medikamente • Wetter
Teilungsartikel • Nahe Zukunft (« aller » + Infinitiv) • direkte Objektpronomen (« le », « la », « les »)	Lebensmittel • Geschäfte • Gewichte und Mengenangaben • Kleidung und Accessoires • Farben und Materialien
das « passé composé » • Zeitangaben in der Vergangenheit • Verneinung (« ne… rien », « ne… personne »)	Urlaubsarten und -aktivitäten • Wohnung und Möbel

Verwendete Symbole:

- Aktivität zu zweit
- Aktivität in einer kleinen Gruppe
- 1 Hörtext mit Tracknummer
- → Hinweis auf die Grammatikübersicht

I Tu es d'où ?

Reprenons !
- → sich kennenlernen
- → das Aussehen und den Charakter einer Person beschreiben
- → über die Familie sprechen

Grammaire :
- → Fragetypen
- → die Präpositionen « de », « à », « en »
- → betonte Personalpronomen (« moi », « toi », « vous »)
- → Possessivbegleiter

Lexique :
- → Nationalitäten
- → Berufe
- → Adjektive, die das Äußere und den Charakter einer Person beschreiben
- → Verwandtschaftsbezeichnungen

Sabine Lippi Danila Piotti

Intermezzo
Französisch

Wiederholen – Aktivieren – Kommunizieren A1
mit Audios online

Hueber Verlag

3. 2. 1. | Die letzten Ziffern
2027 26 25 24 23 | bezeichnen Zahl und Jahr des Druckes.
Alle Drucke dieser Auflage können, da unverändert, nebeneinander benutzt werden.
1. Auflage

Redaktion: Christelle Viard-Holleville, Hueber Verlag, München
Umschlaggestaltung: Sieveking · Agentur für Kommunikation, München
Layout und Satz: Sieveking · Agentur für Kommunikation, München
Druck und Bindung: Passavia Druckservice GmbH & Co. KG, Passau
Printed in Germany
ISBN 978-3-19-119600-4

Art. 530_29759_001_01

A Faites connaissance

1. Panorama… sur le monde

françaisˌ e
espagnolˌ e
italienˌ ne
turcˌ turque
belgeˌ -
→ S. 60

a. Regardez la carte du monde page 6. À deux, écrivez le maximum d'adjectifs de nationalité. Vous avez une minute. Puis comparez avec le reste de la classe.

b. À trois, faites une liste des « merveilles du monde » que vous connaissez. Vous avez cinq minutes. Puis comparez avec le reste de la classe. Qui a la liste la plus longue ?

Exemples :

♠ En Italie, à Rome, il y a le Colisée.
♣ Je connais la tour Eiffel, c'est un monument français.
♦ La Sagrada Familia est une basilique espagnole.

le Colisée	italien
la tour Eiffel	française
la Sagrada Familia	espagnole

2. Salut !

1

a. Écoutez le dialogue. Regardez les photos : quelles personnes parlent dans le dialogue ? Discutez-en avec votre voisin(e).

1. 2. 3. 4.

b. Écoutez le dialogue encore une fois et complétez avec les informations sur la femme. Puis comparez avec votre voisin(e).

NOM	
NATIONALITÉ	
LIEU DE NAISSANCE	
LIEU DE RÉSIDENCE	
ÂGE	
ÉTAT CIVIL	
LANGUES	

c. Quelles questions posez-vous pour faire connaissance ? Complétez le tableau ci-dessous. Utilisez une des trois façons de poser une question.

1. Tu habites où ?
2. Où est-ce que tu habites ?
3. Où habites-tu ?

→ S. 67

	TU	VOUS
nom		*Vous vous appelez comment ?*
nationalité / lieu de naissance		
lieu de résidence		
âge		
état civil	*Tu es marié(e) ?*	
langues	*Quelles ?*	

3. Faisons connaissance dans le cours !

Complétez une fiche avec vos données. Puis interrogez d'autres participants et répondez à leurs questions. À la fin, dites à toute la classe avec quels participants vous avez des choses en commun.

Je suis de Munich, mais...
... j'habite à Londres en Angleterre.
... je vis à Lisbonne au Portugal.

→ S. 69

NOM
LIEU DE NAISSANCE
LIEU DE RÉSIDENCE
ÉTAT CIVIL
LANGUES

NOM
LIEU DE NAISSANCE
LIEU DE RÉSIDENCE
ÉTAT CIVIL
LANGUES

NOM
LIEU DE NAISSANCE
LIEU DE RÉSIDENCE
ÉTAT CIVIL
LANGUES

NOM
LIEU DE NAISSANCE
LIEU DE RÉSIDENCE
ÉTAT CIVIL
LANGUES

4. Les docteurs naissent en janvier

a. Lisez l'article suivant et soulignez les professions. Comparez avec votre voisin(e).

Votre profession selon votre mois de naissance

Une étude menée par l'Office britannique des statistiques nationales (ONS) montre que le mois de naissance a une influence sur le choix de carrière d'un enfant.

L'ONS a analysé le mois de naissance de personnes de dix-neuf métiers différents. Ils ont remarqué un pourcentage élevé de naissances en janvier chez les médecins ou agents du fisc.

En février naissent plutôt des artistes, et en mars des pilotes.

Les bébés nés en avril et en mai ont beaucoup de possibilités de carrière : leader sportif, dictateur, etc.

En juin, juillet et août naissent un grand nombre de dentistes, d'athlètes professionnels et de prix Nobel.

Les physiciens et les sportifs sont souvent nés à la rentrée. Selon l'ONS, les chances d'avoir un enfant coiffeur ou maçon en septembre est faible.

Les serial-killers naissent surtout en novembre.

Le dernier mois de l'année, décembre, est le mois des dentistes.

(d'après: Les docteurs naissent en janvier, www.7sur7.be, 6 septembre 2011)

b. Relisez l'article. Connaissez-vous d'autres professions ? Faites une liste avec votre voisin(e). Puis comparez avec le reste de la classe.

Quel mois de naissance n'est pas dans l'article ?

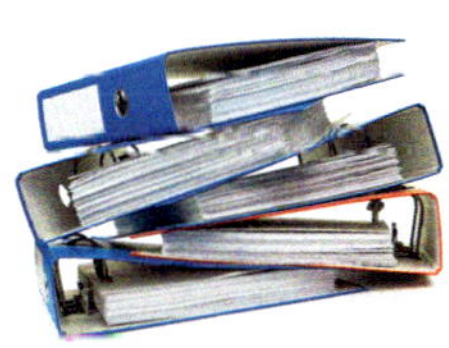

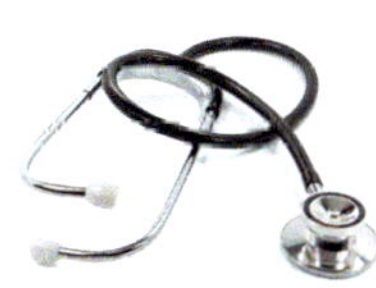

c. Interrogez des participants sur leur date de naissance et leur métier. Dites au reste de la classe les professions et les mois représentés dans votre groupe. Trouvez-vous des ressemblances ou des différences avec les autres groupes ?

Je suis pilote. Et **vous** ?
Moi, je suis dentiste.
→ S. 62

Exemple :

♠ Tu es né en quel mois ? Qu'est-ce que tu fais dans la vie ?
♣ Je suis né en mai. Je suis dentiste. Et toi ?
♠ Moi, je suis née en novembre et je suis secrétaire.

B La famille et les amis

2 5. Un couple en pleine conversation

a. Écoutez le dialogue. De quoi parlent Mathilde et son mari ?

b. Écoutez le dialogue une deuxième fois et complétez.

1. Mathilde veut organiser ______________________ pour son ____________________ .
2. Elle veut inviter
   - ○ sa mère
   - ○ ses collègues
   - ○ sa belle-mère
   - ○ les voisins
   - ○ son frère
   - ○ des amis

c. Écoutez le dialogue une autre fois et regardez les dessins ci-dessous.
Quelles sont les personnes décrites dans le dialogue ?

1. 2. 3. 4.

6. Comment décrire quelqu'un ?

a. Choisissez les mots justes pour décrire Bernard. Comparez avec votre voisin(e).

est
- ○ grand
- ○ petit
- ○ chauve
- ○ gros
- ○ mince

porte
- ○ la moustache
- ○ la barbe
- ○ des lunettes

Bernard...

a les cheveux
- ○ longs
- ○ courts
- ○ bruns
- ○ blonds
- ○ châtains

a les yeux
- ○ noirs
- ○ marron
- ○ bleus
- ○ verts

b. À deux. Regardez attentivement les deux photos et essayez de mémoriser le physique des personnes. Puis l'un regarde Sophie et Éric, l'autre Stéphane et Valérie. Fermez ensuite votre livre. Décrivez les personnes et votre voisin(e) vérifie. Avez-vous bonne mémoire ?

Sophie Éric

Stéphane Valérie

7. Ma famille

À deux. Regardez l'arbre généalogique de François et Mathilde, le mari et la femme du dialogue. Écrivez des phrases selon les exemples. Servez-vous des mots de la liste ci-dessous. Qui a trouvé le plus de liens de parenté ?

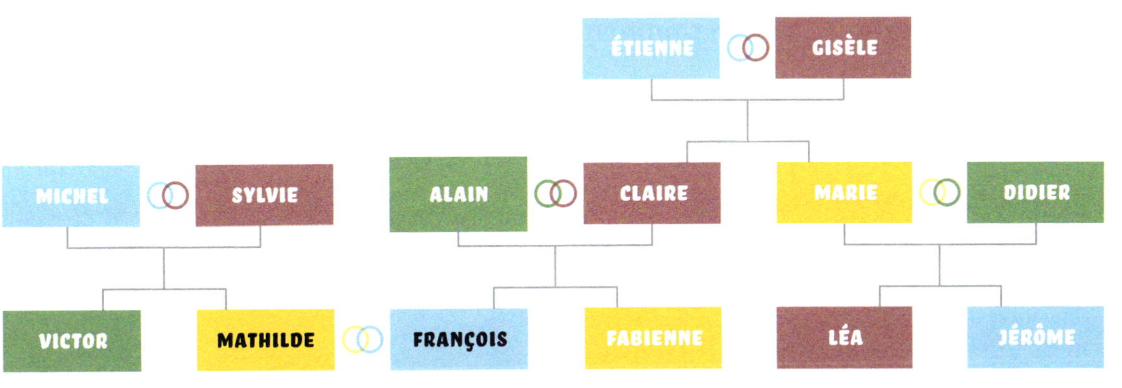

fils fille sœur cousin cousine oncle tante
petit-fils petite-fille grands-parents

Exemples :
François et Mathilde sont mari et femme.
Étienne et Gisèle sont les parents de Claire et Marie.
...

Achtung: œ bei sœur und auch bei œuf, cœur, bœuf.

8. Qui inviter ?

a. Lisez cet e-mail : Mathilde raconte le projet de fête d'anniversaire, la discussion avec son mari et les gens qu'elle veut inviter. À l'aide des informations du point 7, indiquez dans le mail à qui Mathilde écrit.

dupont@free.fr

Bonjour ______________,
Comment vas-tu ? Je viens d'avoir une discussion avec François au sujet de mon anniversaire. On veut faire une fête mais on n'est pas d'accord sur les gens à inviter. Bon, Nadia, mon amie d'enfance, et son mari Valentin viennent, c'est sûr. Béatrice et Jamel aussi. Et puis j'ai pensé à mes collègues de bureau, tu ne les connais pas encore : Marie, une fille très sympa, très gaie, qui rit tout le temps. Pauline, une fille plutôt réservée mais très intéressante, qui voyage beaucoup, et Charlotte, une fille ouverte et super gentille. Quand je dis à François que je veux inviter mes amies du yoga, il me répond qu'on doit inviter ses amis, sinon il ne va y avoir que des femmes. Tu les connais ses amis, certains sont vraiment très ennuyeux et tristes ! Et puis quand je dis que tu viens aussi, il dit que dans ce cas, on peut inviter aussi sa sœur et ses parents. Fabienne d'accord, mais ses parents, non ! À la fin, il va y avoir trop de monde ! Que faire maintenant ?
Bisous
Mathilde

Elle invite **son** frère. (**le** frère)
Il invite **sa** sœur. (**la** sœur)
J'invite **mon** amie. (**une** amie)
→ S. 59

b. À trois. Qui Mathilde veut-elle inviter à sa fête et qui ne veut-elle pas inviter ? À l'aide des informations du mail, faites deux listes et utilisez les adjectifs possessifs. Comparez avec les autres groupes.

9. Il est comment ? Elle est comment ?

À deux. Trouvez le contraire des mots ci-dessous à l'aide du mail de Mathilde. Connaissez-vous d'autres mots pour décrire le caractère d'une personne ?

antipathique ≠ *sympa(thique)* réservé ≠ ______________ intéressant ≠ ______________
gai ≠ ______________ méchant ≠ ______________

10. La fête du cours de français

Vous voulez organiser une petite fête de début de cours et inviter d'autres personnes. En groupe, chaque participant présente deux personnes (famille ou amis) qu'il veut inviter à la fête. Il explique pourquoi.

Exemple :
Moi, je voudrais inviter mon cousin Cyril. Il a 35 ans et il travaille chez BMW comme toi Florian. Et puis, il parle français parce qu'il a fait un stage en France. Il est sympa, ouvert et célibataire.

1. Questions pour faire connaissance

Écrivez les questions correspondant aux mots écrits en vert.

Angelo est italien, de Florence,
mais il habite à Lisbonne. Il a 39 ans.
Il est médecin.

1. *Il s'appelle comment ?*
2. ______
3. ______
4. ______
5. ______

2. Décrire une personne physiquement

Regardez la photo et décrivez Angelo.

Angelo est ______ ______ ______ ______

il n'est pas ______ ______ ______ ______

il a / porte ______ ______ ______ ______

il n'a pas (de) / il ne porte pas (de) ______ ______ ______ ______

3. La famille d'Angelo

Complétez l'arbre généalogique.

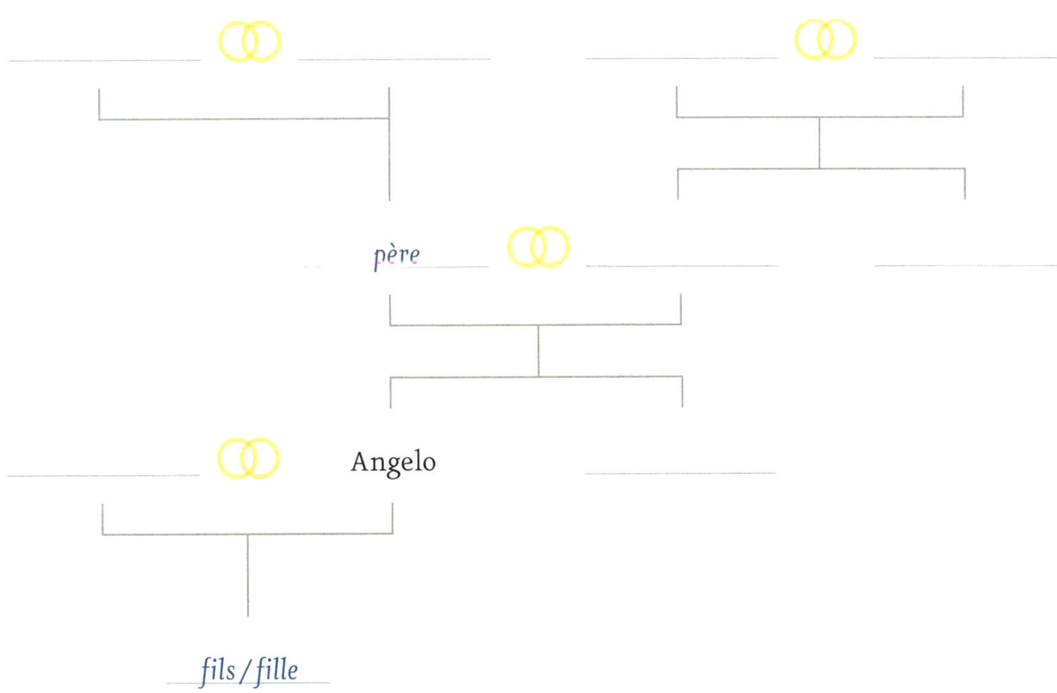

2 C'est la vie !

Intermède !
À deux.
Choisissez une photo. Décrivez le physique de la personne et imaginez son caractère. Qui a le plus d'idées ?

Reprenons !
→ über den Alltag sprechen
→ über die Freizeit sprechen
→ Vorschläge machen, annehmen, ablehnen und Bedauern ausdrücken

Grammaire :
→ Verben im Präsens
→ Personalpronomen « on »
→ Verb « faire »
→ Adverbien der Häufigkeit
→ Modalverben

Lexique :
→ alltägliche Tätigkeiten
→ Freizeitaktivitäten
→ die Uhrzeit
→ das Datum (Wochentage, Monate)

A La routine quotidienne

1. Raconte-moi ta journée !

a. Lisez les messages suivants postés sur le forum « Raconte-moi ta journée ! ». Puis à deux trouvez à quelle photo de la page 14 correspond chacun des textes et dites pourquoi.

> on = nous
> **on** rentre à la maison = nous rentrons à la maison
> → S. 62

Messages

29 avril **Corinne**

Moi, je me lève tôt, à 6 h 30 tous les jours sauf le dimanche. Je prends une douche et je prépare le petit-déjeuner pour tout le monde. Avant d'aller au bureau, j'accompagne ma fille à l'école. C'est ma mère qui va la chercher à la sortie de l'école. Vers 13 h, je fais une pause déjeuner jusqu'à 14 h. Je finis de travailler à 17 h 30. Après je fais les courses et ensuite je vais chez ma mère chercher ma fille. On rentre à la maison, je range un peu et je prépare le dîner. Mon mari rentre du travail vers 19 h 30. À 20 h, on dîne. Et puis on regarde un peu la télé.

26 avril **Vanessa**

Je travaille comme journaliste free-lance, alors je n'ai pas de journée typique. Et je m'organise comme je veux. Le matin, je ne me lève pas très tôt (ça dépend de la nuit passée ☺). J'allume l'ordi pour regarder mes mails et pour lire les quotidiens en ligne. Je travaille quelques heures, ensuite je déjeune au café en bas de chez moi, et puis je rentre travailler. Le soir, à partir de sept heures et demie, je sors. Je vais au cinéma, au théâtre ou à un vernissage, ou bien je retrouve des amis et des collègues de travail, et on va manger ensemble.

24 avril **Thierry**

Moi, je me lève toujours trop tard, alors je ne prends jamais de petit-déjeuner. Je cours au bureau et j'y reste jusqu'à sept heures du soir. Je fais juste une petite pause pour manger à la cantine. Après le travail, je vais au club de sport. Ensuite, je retrouve ma copine. Et on passe la soirée ensemble.

b. Écrivez les activités de chaque moment de la journée avec les expressions des textes ci-dessus.

le matin: *prendre une douche* ________

à midi: ________

l'après-midi: ________

le soir: *aller au club de sport* ________

c. À deux. Ajoutez une nouvelle activité pour chaque moment de la journée. Comparez avec le reste de la classe.

d. À trois. Chacun son tour, l'un d'entre vous choisit un verbe du point b. Le deuxième dit une personne de son choix (« je », « tu », « il »,...) et le troisième fait une phrase avec le verbe et la personne donnés. Si vous n'êtes pas sûrs, demandez à votre professeur ou regardez le tableau à la fin du livre.

Exemple :

Le verbe « dîner ».

La personne « elle ».

Elle dîne à huit heures tous les jours sauf le dimanche.

2. À quelle heure ?

Interrogez trois participants. Posez au moins trois questions sur leur journée à l'aide des expressions du point 1a et de l'encadré à droite. Écrivez les réponses dans le tableau ci-dessous. Comment est la journée de vos camarades de classe ?

à midi / minuit
à une heure et demie
à sept heures (du matin / du soir)
à cinq heures moins le / et quart
jusqu'à sept heures
de deux (heures) **à** trois (heures)
vers quatre heures
à partir de six heures

Exemple :

♠ À quelle heure tu vas au lit le soir ?
♣ À onze heures moins le quart. Et toi ?
♦ Moi, plutôt vers dix heures et demie.

	Nom :	Nom :	Nom :
Réponses :			

3. Quelle journée !

a. À deux. Regardez la personne de la photo. D'après vous, comment est sa journée ? Décrivez-la avec imagination ! Ensuite comparez avec le reste de la classe.

Le matin, Julien

♠ On sort **mardi** ?
♣ Non, **le mardi** je vais au yoga et après au sauna.
→ S. 72

3 b. Écoutez maintenant. Vous avez deviné ?

c. Réécoutez. Qu'est-ce que Julien fait toujours ? Qu'est-ce qu'il ne fait jamais ? Comparez avec votre partenaire.

Je (ne) prends jamais de petit-déjeuner.
→ S. 59, 69

Il ne jamais ______ *Il toujours* ______

4. Jamais ? Toujours !

a. Mettez les expressions suivantes dans le bon ordre.

parfois/quelquefois jamais souvent toujours rarement

100% ______ ______ ______ ______ ______ 0%

b. Dites pour chacune des phrases suivantes si vous le faites parfois/quelquefois, jamais, souvent, toujours ou rarement selon vos habitudes.

1. Le matin, je me lève très tôt. ______
2. Après le petit-déjeuner, je lis le journal. ______
3. Je bois un verre de vin au déjeuner. ______
4. L'après-midi, je fais une petite sieste. ______
5. Le soir, je sors avec des amis. ______
6. Je vais au lit avant minuit. ______

c. Interrogez trois partenaires sur leurs habitudes. Utilisez les phrases du point b et écrivez les réponses dans les fiches. Qui vous ressemble le plus ? Pourquoi ?

Exemples :

♠ Moi, le matin, je prends toujours un petit-déjeuner. Et toi ?
♣ Moi, non. Je ne prends jamais de petit-déjeuner.

♠ Moi, le matin, je prends toujours un petit-déjeuner. Et toi ?
♦ Moi aussi.

♠ Tu vas en montagne le week-end ?
♥ Non, jamais. Et toi ?
♠ Moi non plus.

Nom :

Nom :

Nom :

B Un long week-end

5. Un seul de 28 jours !

ŤŤŤ À trois. Quel groupe écrit le premier tous les mois de l'année dans le bon ordre ?

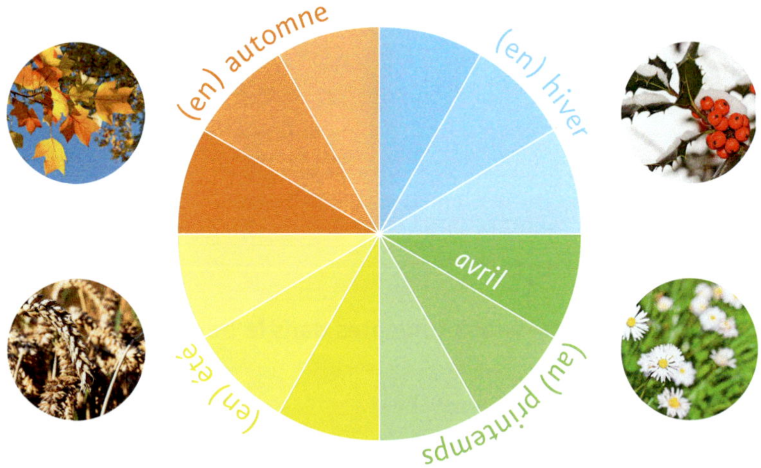

6. Discussion au téléphone

4

a. Écoutez le dialogue. De quoi parlent Mathilde et son mari ? Complétez l'agenda avec les dates et les jours de la semaine.

______	______	______	29 mai	______	______	______
lundi	mardi	______	______	______	______	______

b. Écoutez le dialogue une deuxième fois et répondez aux questions.

1. Où est-ce que François veut aller pour le long week-end de l'Ascension ?

____

2. Quand est-ce que Mathilde voit ses amies ?

____

3. Quand est-ce que François veut partir ? Et Mathilde ?

____

4. Qu'est-ce que Roger a proposé ?

____

c. Écoutez le dialogue une troisième fois et cochez les expressions que vous entendez.

○ Ça te dit… ? ○ Bon, d'accord. ○ Tu as envie de… ?

○ Volontiers ! ○ Non, j'ai pas envie. ○ Quelle bonne idée !

○ Pas question ! ○ Désolé(e) ! ○ Entendu ! ○ C'est pas possible.

d. Quelles expressions du point c sont utilisées pour…

faire une proposition ? ______________________
accepter ? ______________________
refuser ? ______________________

e. Comparez avec le reste de la classe.

7. On va au cinéma ?

Faire du ski / de la photo / du dessin.
Faire la cuisine / le ménage / les courses.

a. Quels sont vos loisirs ? Cochez vos activités ou ajoutez-en d'autres.

- ○ aller au concert
- ○ faire de la danse
- ○ faire du vélo
- ○ sortir avec des amis
- ○ aller à la piscine
- ○ surfer sur Internet
- ○ jouer au tennis
- ○ regarder la télévision
- ○ lire un livre

b. À trois. Organisez votre week-end. Complétez l'agenda représenté à droite. Faites des propositions à deux partenaires avec les expressions des points 6 et 7. Écrivez vos rendez-vous.

c. Présentez maintenant votre week-end à une quatrième personne. Qui a le plus de rendez-vous ?

Exemple :
Samedi 8 mars, à 19 h je vais au cinéma avec Cédric. Et toi, qu'est-ce que tu fais ?

8. On se revoit quand ?

a. Lisez l'e-mail de Mathilde à ses amies.

isabelle@free.fr, nathalie@yahoo.fr, amelie@orange.fr

Chères amies,
Comment allez-vous ? Moi, ça va.
Malheureusement, je dois annuler notre rendez-vous de mercredi prochain. Mon mari et moi, on veut passer le long week-end de l'Ascension à la mer. Et François veut partir mercredi soir… Je suis désolée !
Est-ce qu'on peut reporter notre rendez-vous à la semaine d'après ? J'aimerais beaucoup vous revoir !
Tenez-moi au courant !
Bises
Mathilde

b. À deux. Cochez le verbe correct.

Mathilde ○ veut / ○ peut / ○ doit annuler le rendez-vous avec ses amies parce que

son mari et elle ○ doivent / ○ veulent / ○ peuvent passer le long week-end de l'Ascension à la mer.

François ○ doit / ○ veut / ○ peut partir mercredi parce qu'il ne ○ peut / ○ doit / ○ veut pas perdre un jour de vacances.

avoir
prendre
fixer
annuler
reporter
} un rendez-vous

c. Pensez au week-end prochain et écrivez trois phrases. Dans la première, dites ce que vous « devez » faire, dans la deuxième ce que vous « pouvez » faire, et dans la troisième ce que vous « voulez » faire. Puis comparez par groupe de trois. Après, racontez au reste de la classe la chose la plus étrange que vous devez/pouvez/voulez faire.

Exemple :
Samedi, je dois emmener mon chien au salon de toilettage.

9. Qu'est-ce qu'on dit... ?

a. Lisez le mail du point 8a encore une fois et répondez aux questions.

Qu'est-ce qu'on dit...
... quand on regrette ? ____________________
... pour exprimer un souhait ? ____________________
... pour commencer et terminer un mail ? ____________________

b. À vous. Écrivez un mail pour annuler un rendez-vous que vous avez pris à l'exercice 7b. Expliquez pourquoi vous ne pouvez plus venir et proposez une autre date.

1. Parler des activités quotidiennes

a. Décrivez la journée de Christelle à l'aide des dessins ci-dessous.

Christelle se lève à sept heures.

b. Maintenant, c'est à vous de participer au forum « Raconte-moi ta journée ! » et de décrire votre journée.

Messages

2. Faire des propositions

Faites des propositions à un ami à l'aide des images ci-dessous.

22.07
8 h 30
samedi

17.09
20 h 00
mardi

14.10
20 h 30
jeudi

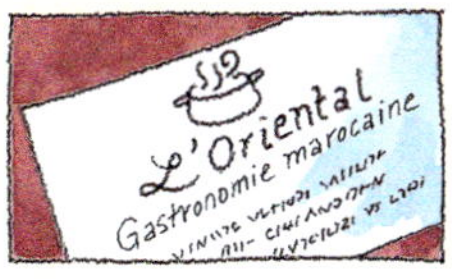

3 En voyage

1.

2.

3.

Reprenons !
- → nach Informationen fragen
- → ein Reservierungsformular ausfüllen
- → kulinarische Vorlieben ausdrücken
- → bestellen und um die Erläuterung einzelner Gerichte bitten

Grammaire :
- → Ortsangaben
- → « il y a »
- → « aimer » + bestimmter Artikel

Lexique :
- → Gegenstände in einem Hotel
- → Essen und Trinken

Intermède

À quatre. Imaginez la journée d'un client typique de l'un de ces hôtels et racontez-la. Le premier d'entre vous commence par une phrase, le deuxième reprend sa phrase et ajoute une autre phrase, puis le troisième continue et ainsi de suite.

A À la réception

1. Quel bel hôtel !

a. Lisez la description des hôtels suivants. À deux, dites à quelle photo correspondent les descriptions et pourquoi ?

HÔTEL LA PHOCÉENNE
★★★★

Situé au centre-ville, dans le quartier historique de Marseille, l'hôtel La Phocéenne se trouve à proximité des calanques de Cassis et près des îles du Frioul, célèbres pour le château d'If et le comte de Monte-Cristo. Les chambres ont une terrasse avec une vue magnifique sur Notre-Dame de la Garde. Nos salles de bains sont modernes et spacieuses, avec baignoire, douche et produits L'Occitane en Provence. La décoration de l'hôtel est très design.

1.

AUBERGE DES ROCHES
★★★★★

Hôtel de luxe 5 étoiles, l'Auberge des Roches se trouve dans une falaise de la Loire, dans une région inscrite au patrimoine mondial de l'humanité. Orientées sud, les chambres ont vue sur la Loire et sont décorées avec élégance. L'hôtel dispose d'une salle de fitness, d'une piscine chauffée à 28°et d'un restaurant gastronomique. L'Auberge des Roches est l'endroit idéal pour goûter à la cuisine et aux vins de la Loire et pour découvrir les châteaux de la région.

2.

HÔTEL GENTIL
★★★

À deux pas du Parc des Expositions de la Porte de Versailles et avec un accès direct au centre de Paris (station de métro à 100 mètres de l'hôtel, station de bus à 5 minutes), l'hôtel Gentil propose 47 chambres spacieuses et confortables, entièrement rénovées dans un style moderne. Elles sont équipées de l'air conditionné, d'un téléphone direct, d'une télévision satellite, du WI-Fi et d'un coffre-fort. L'hôtel dispose aussi d'un parking.

3.

b. Cherchez dans les descriptions ci-dessus les caractéristiques de chaque hôtel et écrivez-les. Comparez avec votre voisin(e). Quels détails sont importants pour vous ?

Exemple : Pour moi, un hôtel / une chambre d'hôtel doit être / avoir…

c. À trois. Pour vous, est-ce que d'autres caractéristiques sont importantes pour choisir un hôtel ? Complétez la liste des caractéristiques. Puis écrivez la description de votre hôtel idéal et présentez-le au reste de la classe. Avez-vous les mêmes goûts ?

au centre-ville / en plein centre-ville
près du centre-ville
loin du centre-ville
à 200 mètres du métro
à proximité de l'hôtel

2. Où est… ?

a. Regardez le dessin et complétez les phrases avec les mots placés à droite du dessin.

la porte — la table de nuit — les boissons — le téléphone — la clé — l'armoire — le tapis — le minibar

Sous la fenêtre, il y a : ____________ Sur la table de nuit, il y a : ____________

Dans le minibar, il y a : ____________ Près de l'armoire, il y a : ____________

À côté du lit, il y a : ____________ Devant le lit, il y a : ____________

En face du lit, il y a : ____________ Sur la porte, il y a : *la clé.*

b. À trois. Regardez maintenant la même chambre après le départ des clients et décrivez-la. Comparez avec le reste de la classe.

Exemple : Derrière le lit, il y a un oreiller.

3. Bonjour !

5

a. Écoutez le dialogue et complétez.

Réservation

Date d'arrivée : ____________ Date de départ : ____________

Type de chambre : ☐ chambre simple

☐ chambre double : ☐ avec grand lit ☐ avec lits jumeaux

b. Écoutez le dialogue une deuxième fois et cochez les bonnes réponses.

La chambre donne ○ sur le jardin ○ sur la cour ○ sur la rue

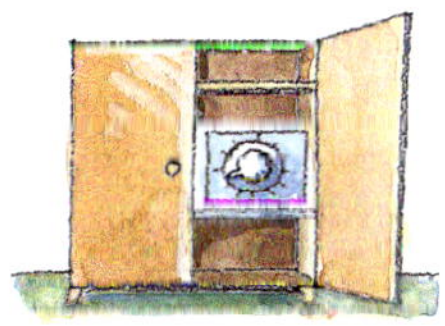

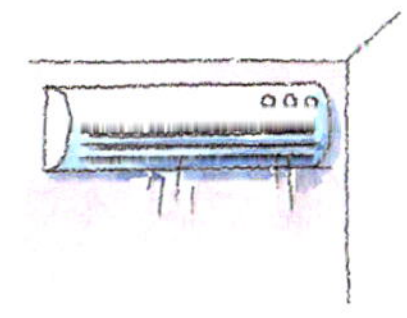

Dans la chambre, il y a ○ un coffre-fort ○ un balcon ○ l'air conditionné

L'hôtel dipose d' ○ un ascenseur ○ une salle de fitness

c. Qui dit les phrases suivantes, le réceptionniste (○) ou les clients (○) ? Cochez la bonne réponse devant chaque phrase. Puis écoutez le dialogue et vérifiez.

○ ○ La chambre est calme ?
○ ○ Vous avez une pièce d'identité ?
○ ○ Il y a un coffre-fort ?
○ ○ Voilà les clés.
○ ○ La vue n'est pas belle, alors…
○ ○ Il y a l'air conditionné ?
○ ○ Quelqu'un va monter vos bagages.
○ ○ L'ascenseur est à droite derrière vous.

d. À deux. D'après vous, quel hôtel de l'activité 1 ont réservé les Chambertin ? Pourquoi ?

e. Vous voulez réserver un hôtel sur Internet. Complétez le formulaire de réservation.

Réservation

Vos coordonnées				Votre réservation	
Prénom :		Pays :		Date d'arrivée :	
Nom :		E-mail :		Date de départ :	
Adresse :		Tél. fixe :		Nombre d'adultes :	
Ville :		Tél. portable :		Nombre d'enfants :	

Commentaire

f. À deux. Maintenant, échangez votre livre avec votre voisin(e) et lisez son formulaire de réservation. Jouez un dialogue sur le modèle du dialogue entendu.

B Au restaurant

4. Mon plat préféré

À trois. Quel plat de la cuisine française aimez-vous bien ? Quel plat n'aimez-vous pas du tout ? Chaque groupe écrit ses plats sur une feuille, puis compare avec le reste de la classe. Quels sont les plats préférés de la classe ? Y a-t-il un plat que personne n'aime ?

Exemple :
Moi, j'aime bien la salade niçoise, j'adore la mousse au chocolat, mais je n'aime pas les huîtres. Et vous ?

♠ J'aime (bien) / J'adore **le** cassoulet.
♣ Moi aussi. ☺ / Pas moi. ☹
♠ Je n'aime pas (du tout) **les** escargots.
♣ Moi non plus. ☹ / Moi si. ☺
→ S. 58

5. Mmm... c'est délicieux !

a. À trois. Connaissez-vous les plats des photos ? Savez-vous comment ils s'appellent ? Écrivez leur nom sous les photos.

b. Les quatre plats se trouvent dans la liste sous la carte page 27. Cherchez-les et vérifiez si vous les avez écrits correctement.

c. À deux. Remplissez la carte ci-dessous. Il y a quatre plats par catégorie. Puis comparez avec le reste de la classe.

CARTE

Entrées

____

____

____

____

Plats

Viandes

____

____

____

____

Poissons

____

____

____

____

Desserts

____

____

____

____

le poulet basquaise | l'île flottante | la bouillabaisse | le plateau de fruits de mer | le cassoulet | la salade de chèvre chaud | le filet de bœuf à la sauce au poivre | la blanquette de veau | la charlotte aux fraises | la mousse au chocolat | le dos de cabillaud à la provençale | le foie gras de canard | la soupe à l'oignon gratinée | la crème brûlée | la sole meunière | l'assiette de saumon fumé

d. À trois. À quels plats de la carte désirez-vous goûter ? Vous avez les mêmes goûts ?

Exemples :

♠ Moi, j'aimerais goûter à la bouillabaisse parce que j'aime bien le poisson. Et vous ?

♣ Moi, je préfère goûter à la soupe à l'oignon gratinée parce que je suis végétarien.

6. Au restaurant

6

a. Écoutez le dialogue et soulignez dans la carte du point 5 les plats que Mathilde et François commandent. Comparez avec votre voisin(e).

b. Écoutez le dialogue une deuxième fois. Qu'est-ce qu'ils prennent comme boisson ?

une ○ petite / ○ grande bouteille d' ______________ ○ gazeuse / ○ plate
○ un apéritif ○ une demi-bouteille / ○ une bouteille de vin ______________

c. Écoutez le dialogue encore une fois. Soulignez les phrases que disent Mathilde et François.

S'il vous plaît ! | L'addition, s'il vous plaît ! | Comment est préparé le cassoulet ? | Il y a de l'ail dans le dos de cabillaud à la provençale ? | Je prends… | Pour moi,… | Avec quoi est servi le poulet basquaise ? | Vous avez une table pour deux personnes ? | Vous pouvez nous apporter la carte, s'il vous plaît ? | Qu'est-ce que vous me conseillez ?

d. Écrivez les phrases ci-dessus à la bonne place. Que dire pour…

1. demander une table ? ______________
2. appeler le serveur ? ______________
3. demander la carte ? ______________
4. demander comment le plat est préparé ? ______________
5. demander s'il y a un ingrédient particulier dans un plat ? ______________
6. demander la garniture d'un plat ? ______________
7. commander ? ______________
8. demander un conseil ? ______________
9. demander l'addition ? ______________

e. À trois. Vous écrivez chacun une liste de trois ou quatre plats français ou autres que vous avez mangés, puis vous donnez votre liste à vos partenaires. Demandez des informations sur les plats de vos partenaires.

Exemples : ♠ Avec quels légumes est préparée la ratatouille ?
♣ Il y a des œufs dans la mousse au chocolat ?

f. À trois. Vous êtes dans un restaurant, l'un de vous est le serveur et les deux autres sont des clients. Jouez la scène avec les phrases du point d et la carte de l'activité 5c.

7. Un dîner presque parfait

À quatre. Quels plats savez-vous cuisiner ? Vous voulez inviter votre professeur à dîner et vous préparez un menu. Comparez avec le reste de la classe et choisissez le meilleur menu.

Exemple : ♠ Moi, je sais préparer les moules marinières avec des frites. Et toi ?

1. Demander des informations dans un hôtel

1. *La chambre est calme ?*

2. ______

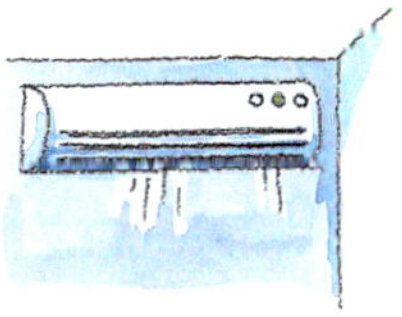

3. ______

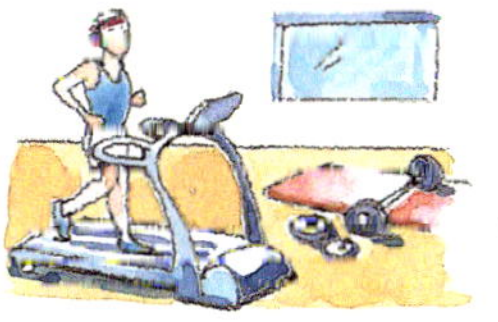

4. ______

5. ______

6. ______

2. Situer dans l'espace avec les prépositions de lieu

Où est la valise ?

1. ______

2. ______

3. ______

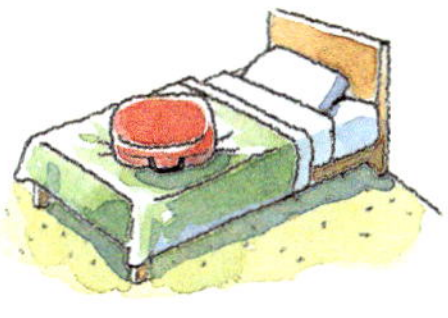

4. ______

5. ______

6. ______

3. Au restaurant

Que dites-vous pour… ?

1. demander une table :
   Vous avez une table pour deux personnes ?
2. appeler le serveur :
   ______
3. demander comment est préparé un plat :
   ______
4. demander la garniture d'un plat :
   ______
5. demander s'il y a un ingrédient particulier dans un plat :
   ______
6. commander un plat :
   ______
7. demander l'addition :
   ______

4 En ville

1.

2.

3.

Reprenons !
- → eine Stadt beschreiben
- → nach dem Weg fragen und den Weg erklären
- → körperliche Beschwerden erläutern
- → über das Wetter reden

Grammaire :
- → Ortsangaben
- → « à » und « de » + bestimmter Artikel
- → Demonstrativbegleiter (« ce/cet », « cette », « ces »)

Lexique :
- → städtische Gebäude und Einrichtungen
- → Körperteile
- → Medikamente
- → Wetter

Intermède

À deux. Conseillez un hôtel à votre voisin(e). Dites-lui où il se trouve, décrivez-le et expliquez pourquoi vous le lui conseillez.

A Balade en ville

1. Une ville très agréable

a. Lisez le message suivant posté sur un site Internet. Il s'agit de quelle ville représentée page 30 ? Pourquoi ? Parlez-en avec votre voisin(e).

à + le	→ **au**	de + le	→ **du**
à + la	→ **à la**	de + la	→ **de la**
à + l'	→ **à l'**	de + l'	→ **de l'**
à + les	→ **aux**	de + les	→ **des**

→ S. 58

Messages

17 juin **Sébastien**

C'est une ville célèbre pour son jambon, son chocolat et sa cathédrale gothique. Elle est inscrite au patrimoine mondial de l'humanité depuis 1998 pour son chemin de Saint-Jacques de Compostelle. Cette « Ville d'art et d'histoire » n'est pas loin de la frontière espagnole. Elle est située à la rencontre de deux fleuves, l'Adour et la Nive, et elle a un port de commerce important. Sa foire au jambon, ses corridas, son marché médiéval et son carnaval ont lieu tous les ans. Mais je vous conseille surtout ses fameuses fêtes en été ! Elles sont géniales ! Sinon, toute l'année, vous pouvez visiter le musée Basque, le Muséum d'histoire naturelle, le musée du chocolat, les remparts, le jardin botanique, ou les espaces naturels pour les amoureux de la nature. Si vous aimez le ski ou le surf, vous pouvez profiter des montagnes ou de l'océan. Si vous préférez faire les boutiques, vous pouvez garer votre voiture sur un parking, prendre un des bus gratuits et aller au centre-ville. Et si vous prenez le vélo, vous pouvez utiliser les nombreuses pistes cyclables.

b. Lisez ce texte encore une fois et soulignez les mots utilisés pour décrire une ville. Vous en connaissez d'autres ? Complétez le schéma ci-dessous et comparez avec le reste de la classe.

infrastructure	culture	nature
parking		

c. À trois. Pensez à une ville française ou étrangère que vous connaissez et décrivez-la sans dire son nom. Vos partenaires devinent le nom de la ville.

Exemple :
C'est une petite ville, elle se trouve dans le nord de la France, elle est devenue célèbre avec le film *Bienvenue chez les Ch'tis*.

2. À droite ou tout droit ?

a. Formez des expressions avec les mots des deux encadrés. Plusieurs combinaisons sont possibles. Puis écrivez-les sous les dessins correspondants. Comparez avec le reste de la classe.

tourner traverser arriver
aller prendre continuer

à droite la place tout droit à gauche
au bout de la rue au carrefour
la deuxième rue jusqu'au feu

1. ______________________

2. ______________________

3. ______________________

4. ______________________

5. *aller tout droit /*

6. ______________________

7. ______________________

8. ______________________

▶ 7 b. Écoutez le dialogue et suivez sur le plan les indications du policier.
Que cherche la dame ?

▶ 8 c. Écoutez le dialogue encore une fois et vérifiez votre réponse.

3. Comment on dit... ?

Que dites-vous dans les situations suivantes ?
Plusieurs expressions sont parfois possibles.

Elle est loin, la pharmacie ?

Pour aller à la Pharmacie Centrale ?

Il y a une pharmacie près d'ici ?

Excusez-moi !

Pardon monsieur/madame !

Où se trouve/est la Pharmacie Centrale ?

Je cherche une pharmacie.

Vous voulez demander quelque chose à quelqu'un dans la rue : ____

Vous cherchez une pharmacie : ____

Vous cherchez une pharmacie précise : ____

Vous demandez si la pharmacie est loin : ____

4. Excusez-moi !

À deux. A regarde le plan du point 2b de la page 32 et B le plan ci-dessous. Lisez les indications présentées sur les deux fiches : A cherche un lieu et B lui explique comment y aller et vice-versa.

A : Vous êtes dans une ville française, vous demandez une information à quelqu'un dans la rue.

Vous cherchez :

1. un supermarché
2. la gare
3. le musée d'histoire naturelle
4. l'église Sainte-Marie

B : Vous êtes dans une ville française, vous demandez une information à quelqu'un dans la rue.

Vous cherchez :

1. l'arrêt de bus
2. un kiosque à journaux
3. un distributeur de billets
4. la poste

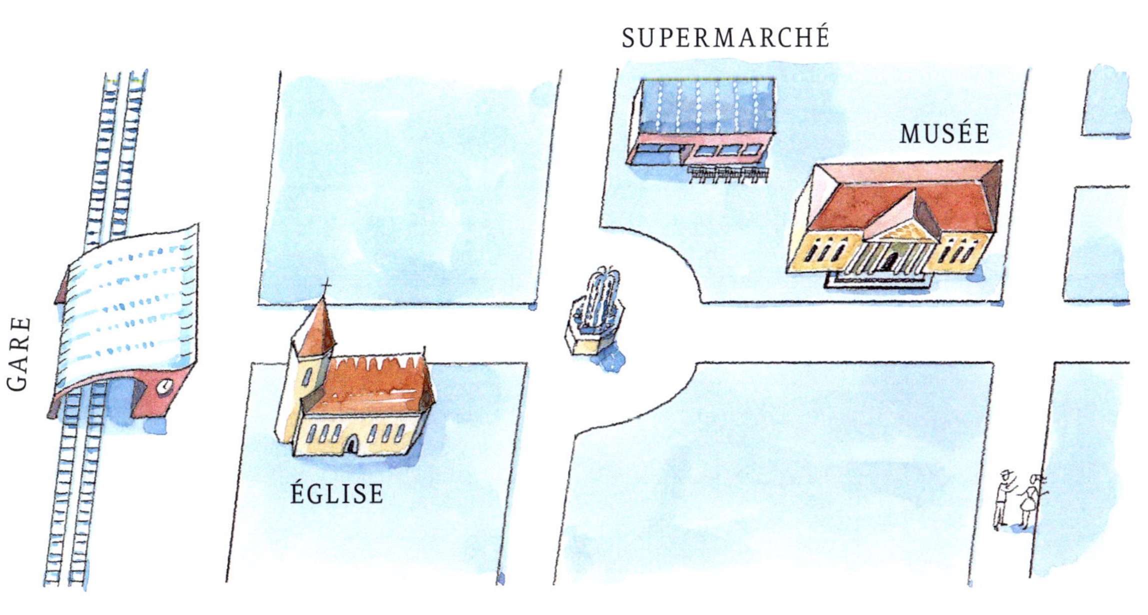

B En bonne santé ?

5. Le corps humain

a. À deux. Complétez la photo avec les mots suivants.

la tête | le bras | le dos | la main | la jambe | le ventre | le pied | le genou

b. À deux. Vous connaissez le nom des autres parties du corps ? Ajoutez-les sur la photo et comparez avec le reste de la classe.

6. Aïe, j'ai mal !

9

a. Écoutez le dialogue et soulignez sur la photo du point 5 les parties du corps que vous entendez.

b. Écoutez le dialogue une autre fois. Qu'est-ce qui ne va pas ? Répondez aux questions.

1. Quels sont les symptômes de François ? Cochez.

○ Il a mal aux dents.
○ Il a mal au cœur.
○ Il tousse.
○ Il a de la fièvre.
○ Il a mal à la tête.
○ Il a mal au dos.
○ Il a mal à la gorge.
○ Il a mal aux jambes.
○ Il a mal au ventre.
○ Il a un rhume.

2. D'après Mathilde, quel est le problème de santé de François ? ______
3. Et en fait, qu'est-ce qu'il a ? ______

7. Mais enfin, qu'est-ce que tu as ?

À trois : l'un mime les symptômes du point 6b, les deux autres devinent où il a mal. Celui qui a le plus de réponses exactes a gagné.

Exemple :

Tu as mal au cœur !

Non !

Tu as mal au ventre !

Oui !

8. À la pharmacie

a. À deux. Écrivez les mots sous les dessins correspondants.

les gouttes | la pommade | le comprimé | le sirop | le pansement

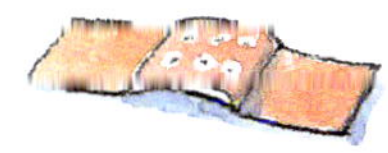

1. ______ 2. ______ 3. ______ 4. ______ 5. ______

b. Regardez les dessins. Écrivez ce que dit le client au pharmacien dans chaque situation. Puis complétez le dialogue avec le numéro des phrases du pharmacien ci-dessous. Attention, elles sont en désordre !

le livre → ce livre
la ville → cette ville
l'hôtel (m) → cet hôtel
l'avion (m) → cet avion
les villes → ces villes

→ S. 60

1.

2.

3.

1. Vous pouvez prendre ces comprimés. Un après chaque repas, trois fois par jour.

2. Vous pouvez mettre cette pommade. Si vous avez encore mal, il faut aller chez le médecin.

3. Vous pouvez prendre ce sirop : une cuillère à soupe toutes les six heures.

c. À deux, jouez une scène à la pharmacie. L'un est le client, l'autre le pharmacien. Suivez le modèle des dialogues du point b.

9. La météo du jour

a. À deux. Écrivez la bonne réponse sous le dessin correspondant. Attention : il y a une réponse sans dessin. Comparez avec le reste de la classe.

Quel temps fait-il ?

Il y a de l'orage. / Il pleut. / Il y a du soleil. / Il fait beau. / Il neige. / Il y a du vent. / Il y a du brouillard. / Il fait chaud. / Il y a des nuages. / Il fait froid.

1. ______

2. ______

3. ______

4. ______

5. ______

6. ______

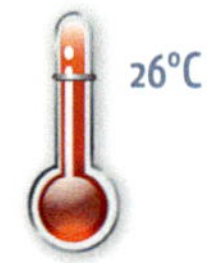

7. ______

8. ______

b. À deux. L'un regarde la carte de droite, l'autre la carte page 54. Demandez le temps qu'il fait dans les villes sans symbole.

Exemple :

♠ Il fait quel temps à Orléans ?

♣ Il y a du brouillard et il fait 7 degrés.

10. La ville idéale

À trois. Choisissez une ville de France ou d'un autre pays que vous aimez pour son architecture, pour sa nature ou pour son climat. Expliquez à la classe pourquoi vous avez choisi cette ville. Puis votez : quelle ville a gagné ?

1. Comment on dit ?

1. *tourner à gauche*

2. ______________

3. ______________

4. ______________

5. ______________

6. ______________

2. Que demandent ces personnes ?

1. *Excusez-moi, pour aller au musée des Beaux-Arts ?*

2. ______________

3. ______________

4. ______________

3. La météo

Quel temps fait-il à…

Paris ? *Il y a du soleil, il fait 23°C.*
Nantes ? ______________
Lille ? ______________
Lyon ? ______________
Marseille ? ______________
Toulouse ? ______________

5 Mes achats

Reprenons !
- → Einkaufen
- → über Essgewohnheiten sprechen
- → Shopping
- → Pläne und Absichten äußern

Grammaire :
- → Teilungsartikel
- → Nahe Zukunft (« aller » + Infinitiv)
- → direkte Objektpronomen (« le », « la », « les »)

Lexique :
- → Lebensmittel
- → Geschäfte
- → Gewichte und Mengenangaben
- → Kleidung und Accessoires
- → Farben und Materialien

Intermède

À deux. Votre voisin(e) veut dîner au restaurant ce soir. Vous lui conseillez un restaurant et vous lui expliquez comment y aller.

A Faire les courses

1. Chez le marchand de fruits et légumes

a. À trois. Écrivez le nom des fruits et des légumes que vous voyez sur la photo page 38. Vous avez deux minutes. Quel groupe a trouvé le plus de mots ?

Fruits

____

Légumes

____

10 b. Écoutez le dialogue. Cochez dans la liste des courses les fruits et légumes que la cliente achète et écrivez la quantité à côté.

LAIT
jambon blanc
lessive
abricots
tarte aux pommes
PAIN
camembert
yaourts nature
céleri
champignons
tomates
cabillaud
dentifrice
viande hachée

c. La dame continue ses courses. Relisez la liste. Dans quels autres magasins doit-elle aller ? Écrivez ci-dessous les produits de la liste à la bonne place.

boucherie charcuterie ____________

poissonnerie ____________

crèmerie fromagerie ____________

boulangerie pâtisserie ____________

supermarché ____________

2. Quel est cet aliment ?

À quatre. L'un décrit un aliment sans dire son nom. Les autres devinent quel aliment c'est.

Exemple :
- ♠ On les achète chez le marchand de fruits et légumes, en été ou au printemps. C'est petit, rouge…
- ♣ Les cerises ?
- ♠ Non !
- ♦ Les fraises ?
- ♠ Oui, c'est ça !

on = man
On achète les fraises chez le marchand de fruits et légumes.
→ S. 62

rouge
vert
jaune
marron
orange

3. On fait les courses aujourd'hui ?

a. À deux. Complétez le dialogue à l'aide des phrases ci-dessous.

Et voilà ! Et avec ça ? | Pour la salade. | Autre chose ? | Bon alors, un kilo d'abricots. | Ils sont comment ? Ils sont mûrs ? | Comme ça ? Ça fait 400 g. | Non, c'est tout merci. Ça fait combien ? | Des tomates, s'il vous plaît.

La cliente

- ♠ Bonjour monsieur !
- ♠ ______
- ♠ ______
- ♠ Elles ne sont pas trop mûres ?
- ♠ D'accord. Un kilo, s'il vous plaît.
- ♠ Du céleri.
- ♠ Oui très bien merci, et une livre de champignons de Paris.
- ♠ Je voudrais des abricots.
- ♠ ______
- ♠ ______
- ♠ ______

Le marchand de fruits et légumes

- ♣ Bonjour madame. Vous désirez ?
- ♣ À farcir ou à faire en salade ?
- ♣ Voilà des tomates parfaites pour les salades.
- ♣ Non, regardez, elles sont encore bien fermes.
- ♣ Et avec ceci ?
- ♣ ______
- ♣ ______
- ♣ Combien ?
- ♣ Oui, ils sont bien juteux.
- ♣ ______
- ♣ Alors, 12 euros 45, s'il vous plaît.

Je voudrais **des** tomates, **du** céleri, **des** abricots.
→ S. 59

Un kilo d'abricots, **une livre de** champignons, **400 g de** céleri.
→ S. 59

10 b. Écoutez le dialogue une autre fois et vérifiez vos réponses.

4. Aujourd'hui, je fais la cuisine !

a. À trois. Vous invitez trois amis à dîner et vous préparez le repas présenté à droite. Pensez aux ingrédients de chaque plat et faites la liste des courses avec la quantité pour chaque produit (vous êtes six à table). Comparez avec les autres groupes.

b. À deux. Vous êtes chez le marchand de fruits et légumes. L'un est le marchand, l'autre achète les fruits et les légumes de la liste des courses.

c. À quatre. Où faites-vous généralement vos courses ? Quand ? Discutez.

Exemple : Moi, j'achète les légumes au marché le samedi parce qu'ils sont frais.

5. Les Français à table

a. Lisez l'article suivant et cochez « vrai » ou « faux » pour chaque affirmation de l'exercice. Comparez avec votre voisin(e).

On le sait : les Français aiment manger. Voici leurs principales habitudes.

Au petit-déjeuner, les Français boivent du café, du thé ou du chocolat chaud dans un bol et mangent des tartines avec du beurre et/ou de la confiture. Le dimanche, ils mangent parfois un croissant ou un pain au chocolat. Au déjeuner, ils mangent de la viande (porc, poulet ou bœuf) avec des pâtes, du riz, des pommes de terre ou des légumes verts. Quelquefois, il y a une salade de crudités en entrée. La France est le deuxième pays consommateur de viande en Europe après l'Espagne.

Au dîner, on mange chaud : une soupe, une quiche, un gratin... et, en général, du fromage et un dessert midi et soir. La baguette accompagne tous les repas. Les Français boivent de l'eau plate et... du vin. Pas toujours mais souvent. La France est le premier consommateur de vin en Europe. On ne boit pas de bière, sauf dans le Nord. Le repas est un moment agréable à passer en famille, avec ses amis, ses collègues... ou devant la télévision pour 24 % des Français. Selon Eurostat*, ils restent 2 h 15 à table par jour (1 h 45 pour les Allemands).

**la commission pour les statistiques européennes officielles*

	Vrai	Faux
1. Les Français prennent seulement un café au petit-déjeuner.	○	○
2. Ils mangent des céréales tous les matins.	○	○
3. Le midi, ils mangent de la viande.	○	○
4. Le soir, on ne mange pas froid.	○	○
5. Les Français ne mangent pas de fromage le soir.	○	○
6. La France est le deuxième consommateur de vin en Europe.	○	○
7. Environ un Français sur quatre regarde la télévision quand il mange.	○	○

b. À trois. Qu'est-ce qu'on mange dans votre pays ? Quelles sont vos propres habitudes alimentaires ? Qu'est-ce que vous mangez beaucoup ? Pas beaucoup ?

B On fait les magasins ?

6. Dans les grands magasins

a. Écrivez le nom des rayons sous la photo correspondante.

beauté | vêtements | lingerie | chaussures

1. ______________

2. ______________

3. ______________

4. ______________

b. À deux. Que pouvez-vous acheter dans les rayons du magasin représentés sur les photos ? Vous avez trois minutes pour faire une liste. Quel groupe a la liste la plus longue ?

c. À deux. Écrivez le numéro des photos de ces vêtements et accessoires à côté des descriptions correspondantes. Complétez avec les couleurs.

un pantalon noir, bleu, blanc, marron,...
une chemise noire, bleue, blanche, marron,...
→ S. 61

1.

2.

5.

4.

3.

6.

7.

8.

9.

- ◯ pantalon ______________ en coton
- ◯ chaussures ______________ à talons hauts
- ◯ ceinture ______________ en cuir
- ◯ pull à col roulé ______________ en laine
- ◯ chemise ______________ à rayures ______________ en coton
- ◯ robe imprimée en soie
- ◯ doudoune ______________ imperméable en plumes d'oie
- ◯ jupe ______________ à carreaux
- ◯ sac à main ______________ en cuir

7. On fait la valise !

a. À deux. Vous allez passer un week-end à deux dans l'une des destinations suivantes. Vous allez prendre une valise pour deux. Qu'allez-vous emporter ?

Ce week-end,
on va visiter Paris.
→ S. 66

Exemple : Moi, je vais emporter un maillot de bain,…

b. Dites à toute la classe les vêtements que vous allez mettre dans la valise. Les autres doivent deviner où vous allez passer le week-end.

8. Le shopping et moi

Répondez aux questions suivantes. Puis cherchez dans la classe des personnes avec les mêmes habitudes que vous.

1. Où préférez-vous faire votre shopping ?
   - ○ dans les grands magasins
   - ○ dans les magasins d'usine (outlets)
   - ○ dans les boutiques
   - ○ sur Internet

2. Combien de fois par an faites-vous du shopping ?
   - ○ plus de dix fois
   - ○ entre cinq et dix fois
   - ○ moins de cinq fois

3. Quand vous achetez un vêtement, le plus important pour vous, c'est…
   - ○ la marque.
   - ○ la qualité.
   - ○ le prix.

4. Vous préférez faire du shopping…
   - ○ avec votre partenaire.
   - ○ avec un ami/une amie.
   - ○ seul/seule.

9. Une nouvelle garde-robe

▶ 11

a. Écoutez le dialogue. Où sont Mathilde et François ?

b. Écoutez le dialogue encore une fois et complétez les phrases suivantes.

Mathilde…
1. voit deux choses de la liste du point 6c dans la vitrine : ____________________.
2. essaye ____________________, elle fait du ____________________ (comme taille).
3. regarde le prix du vêtement. Il coûte ____________________.

c. À deux. Lisez les phrases suivantes. Quelles phrases entend-on dans le dialogue ? Cochez.

1. Mathilde :
- ○ Excusez-moi, les chaussures dans la vitrine en bas…
- ○ Excusez-moi, la jupe dans la vitrine en bas…

2. Vendeuse :
- ○ Vous faites quelle pointure ?
- ○ Vous faites quelle taille ?

3. Mathilde :
- ○ Je fais du 39.
- ○ Je fais du 40.

4. Mathilde :
- ○ Je peux l'essayer ?
- ○ Je peux les essayer ?

5. François :
- ○ Elles coûtent combien ?
- ○ Elle coûte combien ?

6. Vendeuse :
- ○ Alors, elle vous plaît ?
- ○ Alors, elles vous plaisent ?

7. Mathilde :
- ○ Oui beaucoup ! Je la prends.
- ○ Oui beaucoup ! Je les prends.

le pantalon → je peux **le** voir / je peux **l'**essayer
la jupe → je peux **la** voir / je peux **l'**essayer
les gants → je peux **les** voir / je peux **les** essayer
les chaussures → je peux **les** voir / je peux **les** essayer
→ S. 63

d. Connaissez-vous d'autres expressions utiles pour faire des achats ? Dites-les à votre voisin(e), puis au reste de la classe.

10. Quelle chance !

À deux. Lors d'un tirage au sort, vous avez gagné un chèque-cadeau de 500 euros à dépenser dans un grand magasin. Faites un jeu de rôle avec votre voisin(e). A est le client / la cliente, et B le vendeur / la vendeuse. Puis changez de rôle.

A : Choisissez des vêtements, des chaussures ou des accessoires. Demandez-les au vendeur / à la vendeuse.

B : Présentez au client / à la cliente des couleurs, des tailles, des pointures et des prix pour les vêtements, les chaussures ou les accessoires du rayon.

1. Au marché

Regardez la liste de courses et écrivez dans les bulles le dialogue entre le client et le vendeur.

tomates 500 g
pommes de terre 2 kg
pommes 1 kg

1.

2.

3.

4.

5.

6. Autre chose ?

7.

8.

2. Dans une boutique de vêtements

Écrivez les phrases que dit la cliente dans la boutique.

La cliente

1. ______
3. ______
5. ______
7. ______
9. ______

La vendeuse

2. Oui, vous faites quelle taille ?
4. Voilà.
6. Oui bien sûr. Vous avez une cabine d'essayage à droite. … Alors, il vous va comment ?
8. 119 euros.

6 En vacances

Intermède

À quatre. Chacun votre tour, décrivez les vêtements d'un participant de la classe sans dire son nom. Les autres doivent deviner qui c'est.

Reprenons !
→ Vorlieben und Bedürfnisse zum Thema Urlaub ausdrücken
→ über vergangene Ereignisse sprechen
→ einen Urlaub planen

Grammaire :
→ das « passé composé »
→ Zeitangaben in der Vergangenheit
→ Verneinung (« ne… rien », « ne… personne »)

Lexique :
→ Urlaubsarten und -aktivitäten
→ Wohnung und Möbel

A Les belles vacances

1. Qu'est-ce que tu fais en vacances ?

a. À deux. Regardez les photos de la page 46. Qu'est-ce qu'on peut faire sur ces lieux de vacances ? Écrivez les expressions suivantes ci-dessous à la bonne place. Il y a plusieurs possibilités. Vous avez d'autres idées ? Ajoutez-les.

visiter le centre historique · faire des excursions · prendre un bain de soleil · skier · se baigner · visiter les musées · nager · faire de la randonnée · faire de la planche à voile · faire des balades à vélo · faire de la plongée libre · faire une visite guidée

à la mer
___ ___ ___ ___ ___ ___

à la montagne
___ ___ ___ ___

dans une ville historique
___ ___ ___ ___

b. À deux. Où aimez-vous passer vos vacances ? Qu'est-ce que vous aimez faire en vacances ? Discutez avec votre voisin(e). Avez-vous les mêmes goûts ?

2. Tu es déjà partie en vacances ?

12

rester → resté
partir → parti
attendre → attendu
→ S. 66

a. Écoutez le dialogue. Géraldine a passé ses vacances où ? Elle est partie combien de temps ?

b. Écoutez le dialogue une deuxième fois et cochez les phrases correctes.

Géraldine	Thierry	Les enfants
○ est partie fin juin.	○ est parti fin juin.	○ sont partis fin juin.
○ est partie début juillet.	○ est parti début juillet.	○ sont partis début juillet.
○ a beaucoup nagé.	○ a beaucoup nagé.	○ ont beaucoup nagé.
○ a fait de la planche à voile.	○ a fait de la planche à voile.	○ ont fait de la planche à voile.
○ a beaucoup lu.	○ a beaucoup lu.	○ ont beaucoup lu.
○ a joué avec les enfants.	○ a joué avec les enfants.	○ ont joué avec leur père.

3. Ils ont passé leurs vacances où ?

a. À deux. Choisissez une photo et imaginez comment les personnes ont passé leurs vacances. Écrivez un petit texte avec les expressions ci-dessous.

> Thierry **est** parti/rentré.
> Géraldine **est** partie/rentrée.
> Les enfants **sont** partis/rentrés.
> Les filles **sont** parties/rentrées.
> → S. 67

Vincent et Lise
14.07 – 28.07

Cécile et Vanessa
30.08 – 07.09

partir le... | rentrer le... | partir en vacances en famille / avec un ami / avec une amie | lire | jouer avec les enfants | faire du sport | visiter des musées | manger dans des restaurants typiques | passer ses vacances à la mer / à la montagne / au bord d'un lac

b. Cherchez un groupe qui a travaillé avec la même photo que vous et comparez vos idées. Avez-vous imaginé les mêmes vacances ?

4. Des vacances merveilleuses

a. Regardez les photos ci-dessous et lisez les messages suivants. Quelles photos correspondent à quels messages ? Comparez vos réponses avec votre voisin(e).

> il y a deux ans
> l'année dernière/ l'an dernier
> l'été dernier
> en 2012

1.

2.

3.

4.

5.

Messages

3 septembre **Éloïse**

Avec mon copain, nous sommes allés en Allemagne l'an dernier. Ce voyage a été vraiment super ! Nous avons vu le château de Neuschwanstein (vous savez, le château de Blanche-Neige de Walt Disney. Très beau, non ?). Ensuite, nous sommes allés en Forêt-Noire : nous sommes restés quatre jours et nous avons fait des balades magnifiques. À la fin, nous avons visité Rothenburg. Quelle belle ville !

9 septembre **Driss**

Nous, on a fait du tourisme rural en Ardèche au mois d'août. On est allés dans un gîte et on n'a rien fait de spécial, on n'a rencontré personne, mais on a profité de la nature. On a eu beau temps. La semaine a été très relaxante. On a pu venir avec notre chien. Le tourisme rural, c'est parfait pour ça.

18 septembre **Camille**

Moi, j'ai passé des vacances merveilleuses il y a deux ans en Corse. On l'appelle « l'Île de Beauté » et c'est vrai ! Les plages sont magnifiques, l'eau est turquoise, la nourriture très bonne. J'ai pris le soleil, j'ai beaucoup lu et j'ai bien mangé. Le rêve !

b. Cherchez dans les messages la forme du passé composé des verbes suivants. Comparez avec votre voisin(e).

on **n'a rien** fait de spécial
on **n'a** vu **personne**
→ S. 69

voir : ______

être : ______

prendre : ______

avoir : ______

pouvoir : ______

faire : ______

lire : ______

5. Et toi, qu'est-ce que tu as fait ?

a. À deux. Faites une liste de questions à poser à un participant sur le thème « des vacances merveilleuses ». Utilisez les expressions ci-dessous.

Où (est-ce que)… ? Qu'est-ce que… ? Avec qui (est-ce que)… ? Quand (est-ce que)… ? Combien de temps (est-ce que)… ?

aller être partir faire voir manger passer visiter rester

b. Maintenant posez les questions à un autre participant.

c. Comparez avec le reste de la classe. Quelles vacances ont le plus de succès ?

B Louer un appartement

6. Une belle location de vacances

a. Regardez le plan et complétez-le avec le nom des pièces ci-dessous.

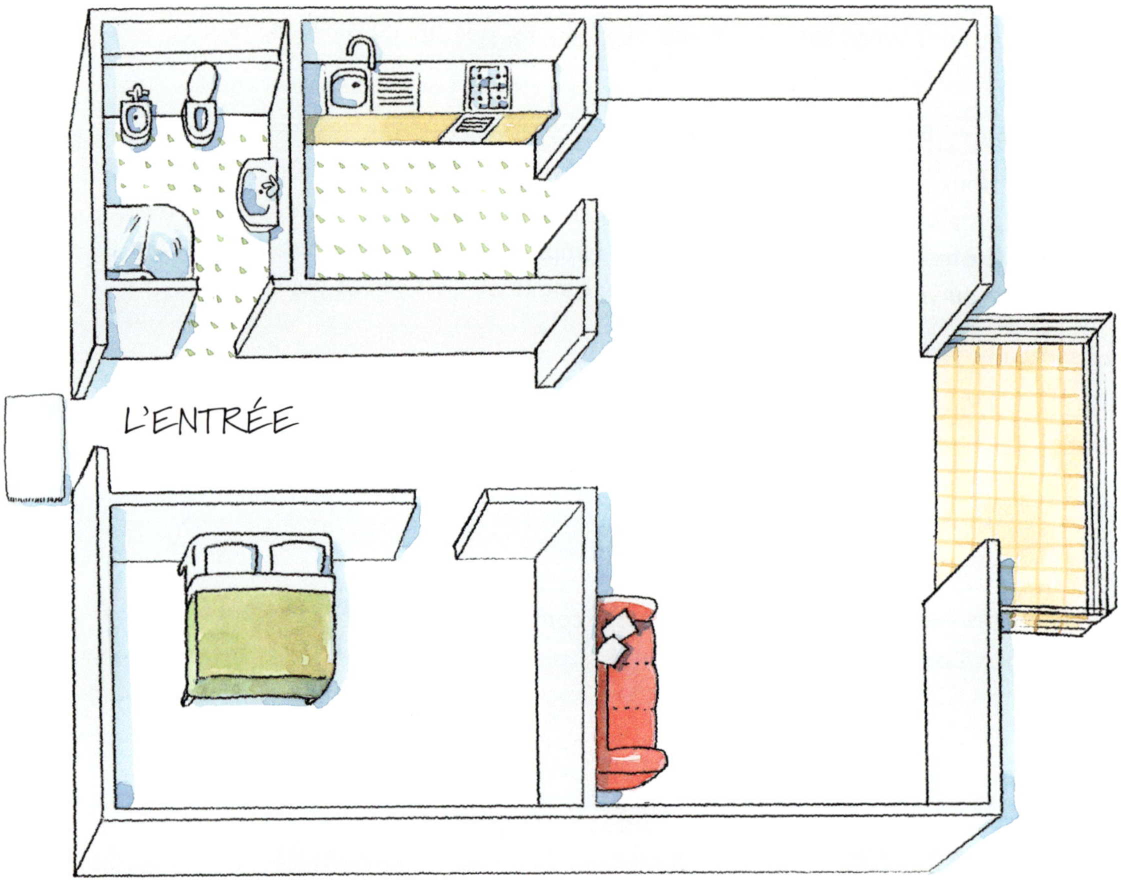

le salon | la chambre | la salle de bains | la cuisine | le balcon | ~~l'entrée~~

b. À deux. Lisez les noms de meubles et d'appareils électroménagers ci-dessous. Dans quel-le(s) pièce(s) les mettez-vous ? Où exactement ? Discutez entre vous. Connaissez-vous d'autres meubles et appareils électroménagers ?

la table | l'armoire | le lave-linge | le fauteuil | le réfrigérateur
la chaise | le lave-vaisselle | le miroir | l'ordinateur | la cafetière

13 7. Projet de vacances

a. Écoutez le dialogue. De quoi parlent Mathilde et François ?
Que veut faire Mathilde ? Que veut faire François ?

b. Écoutez le dialogue encore une fois et répondez aux questions page 51.

1. Regardez les plans. De quelle location parle François ?

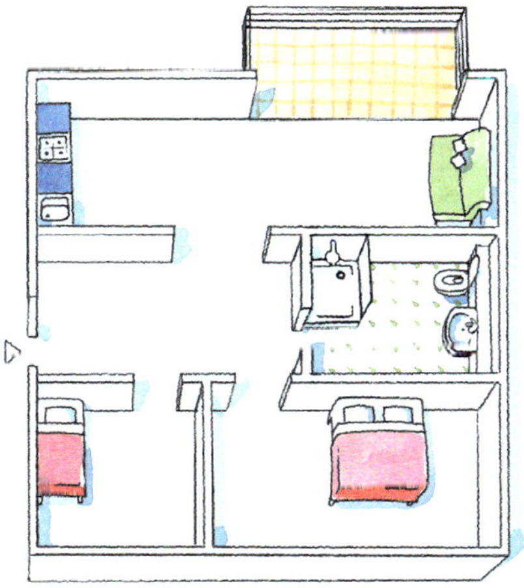

○ 1.

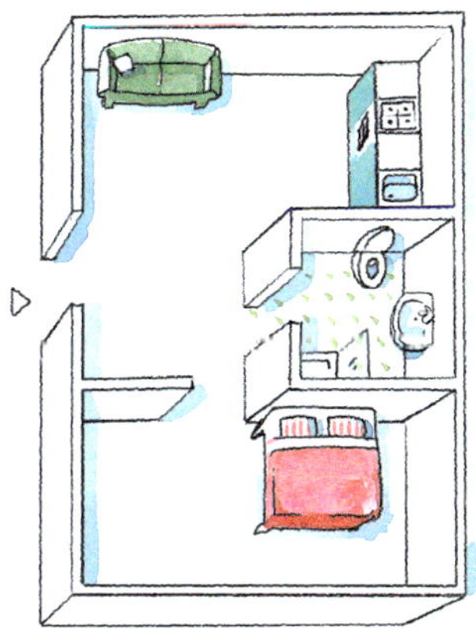

○ 2.

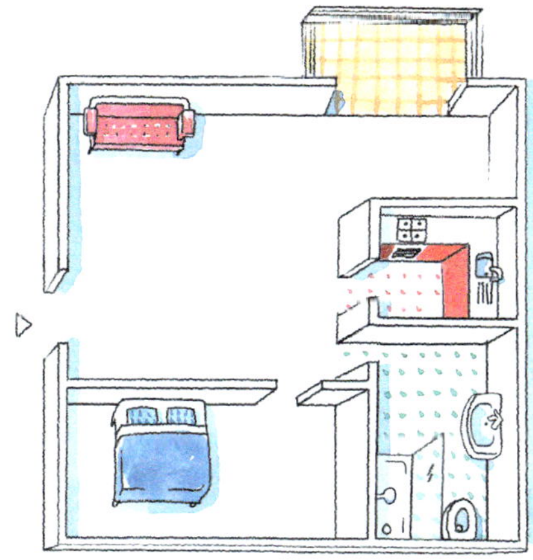

○ 3.

2. L'appartement a :
- ○ un balcon.
- ○ un lave-linge.
- ○ un lave-vaisselle.
- ○ un ascenseur.

3. Pour François, en vacances, c'est important :
- ○ de se lever tôt le matin.
- ○ de manger quand on veut.
- ○ de ne pas dépenser trop d'argent.
- ○ de s'habiller chic le soir.
- ○ de se détendre.
- ○ d'aller dans différents restaurants.

c. À trois. Quelles sont les choses importantes pour vous en vacances ? Discutez.

8. Tous à la plage !

a. À deux. Lisez les annonces immobilières suivantes.
Quelle annonce décrit la location du dialogue ? Pourquoi ? Discutez avec votre voisin(e).

Annonces

1. LES SABLES-D'OLONNE (VENDÉE)

T3 avec une grande entrée, un salon avec cuisine équipée et lave-vaisselle, une chambre avec lit double, une petite chambre avec lit simple, balcon avec vue sur mer, parking privé et laverie payante.

2. MIMIZAN (LANDES)

T2 à 50 m de la mer avec un séjour, une cuisine séparée, une chambre avec lit double, une salle de bains (douche et lave-linge), un balcon, une place de parking, et le ménage de départ compris dans le prix.

3. SAINT-JEAN-DE-LUZ (PYRÉNÉES-ATLANTIQUES)

T2 en rez-de-chaussée : séjour avec canapé-lit et kitchenette, chambre double, salle de bains (douche). Accès Wi-Fi sur demande. Laverie payante.

un studio = une pièce
un T2 = un deux-pièces
un T3 = un trois-pièces

b. Avec un autre participant. Vous voulez partir ensemble en vacances en France dans une location. Quel type de location choisissez-vous et pourquoi ? Pensez au nombre de pièces et à l'équipement.

9. On passe des vacances ensemble ?

a. Écrivez sous chaque photo le type de vacances représenté.

1. ______________________

2. ______________________

3. ______________________

4. ______________________

5. ______________________

tourisme rural | vacances sport et aventure | vacances en camping | vacances à l'hôtel à la mer | voyage organisé

b. À trois. Vous avez déjà passé des vacances de quel type du point a ? Vous avez envie d'essayer un autre type de vacances ?

Exemple : Moi, j'ai déjà fait du camping mais je ne suis jamais allé(e)… / je n'ai jamais fait / passé… J'aimerais bien…

c. Vous voulez passer des vacances ensemble. Décidez où vous allez partir, quand et quel type de vacances vous allez passer.

1. Qu'est-ce qu'on peut faire en vacances ?

Complétez chaque verbe avec des expressions selon l'exemple.

faire — *de la randonnée en montagne*

visiter

prendre

aller

2. Raconter ses vacances

À vous ! Racontez vos vacances dans le forum « Mes dernières vacances ».

Messages

3. La maison

Dessinez votre maison (ou votre appartement) idéale. Écrivez le nom des pièces, des meubles et des appareils électroménagers de chaque pièce.

9. La météo du jour

b. À deux. L'un regarde la carte à page 36, l'autre la carte ci-dessous. Demandez le temps qu'il fait dans les villes sans symbole.

Exemple :

♠ Il fait quel temps à Nice ?

♣ Il y a du soleil et il fait 13 degrés.

Grammatikübersicht

Die nachfolgende Übersicht gibt Ihnen einen Überblick über die in Intermezzo Französisch A1 auftretenden Grammatikthemen. Sie soll Ihnen als Nachschlagehilfe bei offenen Fragen oder zur Wiederholung dienen. Die bewusst knapp gehaltenen gelben Grammatikkästen in den Lektionen verweisen auf die ausführliche Darstellung des jeweiligen Themas in dieser Grammatikübersicht.

Verwendete Abkürzungen: m. = männlich / w. = weiblich

1. Das Substantiv

1.1 Singular

Substantive sind im Französischen entweder männlich oder weiblich.
Das Genus (Geschlecht) des Substantivs ist durch den Begleiter identifizierbar.

	Mögliche Begleiter	
männlich	le, un, ce, quel	livre
weiblich	la, une, cette, quelle	maison

Bei Personen entspricht das Genus dem natürlichen Geschlecht:

le père la mère
un mari une femme

Weibliche Nationalitäten- und Berufsbezeichnung enden in der Regel auf -e.

männlich	weiblich
un Français un marchand	une Française une marchande

Bestimmte Endungen kennzeichnen männliche Substantive. Von diesen Endungen wird dann die weibliche Form abgeleitet.

	männlich	weiblich
-eur → -euse -er → -ère -ien → -ienne -teur → -trice -if → -ive	un coiffeur un boucher un physicien un dictateur un sportif	une coiffeuse une bouchère une physicienne une dictatrice une sportive

Bei einigen Substantiven, die Personen bezeichnen, ist das Genus nur durch den Begleiter erkennbar.

männlich	weiblich
un secrétaire **un** journaliste **un** collègue **un** enfant	**une** secrétaire **une** journaliste **une** collègue **une** enfant

Substantive mit den folgenden Endungen sind männlich:

-age	le voyage, le bagage
-eau	le château, le bureau
-ent	le monument, le vent
-in	le vin, le pain

Weiblich sind Substantive mit den folgenden Endungen:

-ade	la salade, la pommade
-ette	la baguette, une assiette
-erie	la boucherie, la lingerie
-tion	la réception, une information
-ude	une étude, une habitude

Namen von Ländern und Regionen, die auf -e enden, sind in der Regel weiblich.
la France   la Tunisie   la Bretagne   la Bavière

Namen von Ländern und Regionen, die nicht auf -e enden, sind in der Regel männlich.
le Portugal   le Danemark   le Midi   le Sahara

1.2 Plural

Der Plural der Substantive wird in der Regel durch Anhängen eines – nicht hörbaren – -s gebildet. Lautlich erkennt man diese Pluralform der Substantive lediglich anhand der Begleiter (hier im Beispiel der bestimmte Artikel).

	Singular	Plural
männlich	le livre	les livres
weiblich	la langue	les langues

Bei Substantiven, die mit einem Vokal beginnen, hört man den Plural auch durch die lautliche Verbindung (*la liaison*) des Begleiters mit dem Substantiv: les‿informations ; des‿informations

Besonderheiten

▸ Substantive, die im Singular bereits auf -s oder -x enden, bleiben im Plural unverändert.

Singular	Plural
le cours le prix	les cours les prix

▸ Substantive, die im Singular auf -(e)au oder -eu enden, erhalten im Plural in der Regel ein -x. Die meisten Substantive auf -al bilden den Plural auf -aux.

Singular	Plural
le château le cheveu le journal	les châteaux les cheveux les journaux

▸ Einige wichtige Substantive werden ausschließlich im Plural verwendet: les vacances (die Ferien), les gens (die Leute), les toilettes (die Toilette), les lunettes (die Brille).

2. Der Artikel

Französische Substantive werden in der Regel zusammen mit einem Artikel verwendet. Es gibt drei Arten von Artikeln.

2.1 Der bestimmte Artikel

Im Singular hat der bestimmte Artikel drei Formen: le, la, l'. Im Plural gibt es nur eine Form: les.

	Singular	Plural
männlich	le livre	les livres
weiblich	la langue	les langues
männlich und weiblich vor Vokal / stummem h	l'arbre (m.) l'école (f.) l'hôtel (m.)	les arbres les écoles les hôtels

Besonderheiten:

- Die Formen le und les verschmelzen mit den Präpositionen à und de:

à + le → **au**	Elle va au travail.	Sie geht in die Arbeit.
à + les → **aux**	Il va aux États-Unis.	Er geht in die USA.
de + le → **du**	Elle rentre du travail.	Sie kommt von der Arbeit nach Hause.
de + les → **des**	Il rentre des États-Unis.	Er kehrt aus den USA zurück.

  Unverändert bleiben à la, à l', de la und de l'.

- Anders als im Deutschen wird der bestimmte Artikel auch in folgenden Fällen verwendet:

  Nach aimer, adorer und préférer (auch in verneinter Form): J'adore la mousse au chocolat. Il n'aime pas le sport. (Ich liebe Mousse au Chocolat. Er mag keinen Sport.)

  Zusammen mit den Körperteilen: Il a les yeux verts. (Er hat grüne Augen.)

  Bei Kontinenten, Ländern und Regionen: l'Europe, la France, la Bavière (Europa, Frankreich, Bayern).

2.2 Der unbestimmte Artikel

Im Singular hat der unbestimmte Artikel zwei Formen: un bzw. une.

Anders als im Deutschen hat der unbestimmte Artikel eine Pluralform: des.

	Singular	Plural
männlich	un pantalon	des pantalons
weiblich	une chaussure	des chaussures

Die Pluralform des wird im Deutschen nicht übersetzt:

Tu as des chaussures de montagne ?	Hast du Bergschuhe?

2.3 Der Teilungsartikel

Der Teilungsartikel du, de la, de l' wird verwendet, wenn man eine unbestimmte Menge oder Anzahl ausdrücken möchte. Er wird außerdem bei nicht zählbaren Substantiven (wie z. B. les vacances, l'argent) verwendet. Die Pluralform lautet des. Der Teilungsartikel wird im Deutschen nicht übersetzt.

On boit de l'eau, du vin ou de la bière.	Wir trinken Wasser, Wein oder Bier.
J'achète du jambon.	Ich kaufe Schinken.
Il prend des vacances.	Er nimmt Urlaub.
Elle a de l'argent.	Sie hat Geld.

2.4 Fehlen des Artikels

- Nach Mengenangaben wie un kilo, une bouteille etc. und Mengenadverbien wie un peu (ein bisschen) oder beaucoup (viel) steht de bzw. d' ohne Artikel.

Je mange un peu de chocolat.	Ich esse ein bisschen Schokolade.
Il y a une bouteille d'eau.	Es gibt eine Flasche Wasser.

- In verneinten Sätzen steht nur de bzw. d' anstelle des Teilungsartikels oder des unbestimmten Artikels.

Tu bois du vin, de la bière, de l'alcool ? – Je ne bois pas de vin, pas de bière, pas d'alcool.
Trinkst du Wein, Bier, Alkohol? – Ich trinke keinen Wein, kein Bier, keinen Alkohol.

Il y a une boulangerie, un supermarché, des magasins ? – Non, il n'y a pas de supermarché, pas d'épicerie, pas de magasins.
Gibt es eine Bäckerei, einen Supermarkt, Geschäfte? – Nein, es gibt keinen Supermarkt, kein Lebensmittelgeschäft, keine Geschäfte.

3. Der Possessivbegleiter

Der Possessivbegleiter richtet sich in Geschlecht und Zahl nach dem Substantiv, das er begleitet – und nicht, wie im Deutschen, nach dem Geschlecht des Besitzers (z. B. son père = sein bzw. ihr Vater).

	Singular männlich		Singular weiblich		Plural männlich / weiblich	
je	mon	père	ma	mère	mes	parents
tu	ton		ta		tes	
il / elle	son		sa		ses	
nous	notre		notre		nos	
vous	votre		votre		vos	
ils / elles	leur		leur		leurs	

- Die Formen ma, ta, sa werden vor weiblichen Substantiven, die mit Vokal oder stummem h beginnen durch mon, ton, son ersetzt. Das erleichtert die Aussprache.

  Fanny, une amie → Fanny mon amie, ton amie, son amie
  une histoire → mon histoire, ton histoire, son histoire

4. Der Demonstrativbegleiter

Der Demonstrativbegleiter richtet sich in Geschlecht und Zahl nach dem Substantiv, das er begleitet. Die Pluralform ist für männliche und weibliche Substantive identisch.

	männlich	weiblich
Singular vor einem Vokal vor stummem h	ce pays cet ami cet hôtel	cette ville cette amie cette heure
Plural	ces pays	ces villes

5. Das Adjektiv

5.1 Angleichung des Adjektivs

Das Adjektiv richtet sich in Geschlecht und Zahl nach dem Substantiv, auf das es sich bezieht.

	männlich	weiblich
Singular	un musée gratuit	une foire gratuite
Plural	des musées gratuits	des foires gratuites

▶ Die weibliche Form wird in der Regel durch das Anhängen von -e an die männliche Form gebildet.

männlich	weiblich
un jardin ouvert un fromage français	une boutique ouverte une ville française

▶ Endet die männliche Form bereits auf -e wird kein zusätzliches e hinzugefügt.

männlich	weiblich
un musée célèbre un vélo rouge	une ville célèbre une jupe rouge

▶ Einige Endungen verändern sich bei Bildung der weiblichen Form:

	männlich	weiblich
-eux → -euse	amoureux	amoureuse
-er → -ère	cher	chère
-en → -enne	italien	italienne
-l → -lle	naturel	naturelle
-f → -ve	sportif	sportive
-on → -onne	bon	bonne
-s → -sse	gros	grosse

▶ Einige sehr gebräuchliche Adjektive haben unregelmäßige Formen:

männlich	weiblich
beau (schön)	une **belle** femme
blanc (weiß)	une jupe **blanche**
frais (frisch, kalt)	une eau **fraîche**
long (lang)	une **longue** histoire
nouveau (neu)	une **nouvelle** cravate
vieux (alt)	une **vieille** photo

Beau, nouveau, und vieux haben zwei männliche Formen: Die Formen bel, nouvel und vieil stehen zur Erleichterung der Aussprache vor Substantiven mit Vokal oder stummem h.

un beau film	un **bel** endroit, un **bel** hôtel
un nouveau livre	un **nouvel** ami
un vieux monsieur	un **vieil** homme

▶ Zur Pluralbildung der Adjektive siehe die Pluralbildung der Substantive (Punkt 1.2).

5.2 Farbadjektive

Farbadjektive verhalten sich wie andere Adjektive und sind im Regelfall veränderlich. Anders Substantive, die als Farbadjektive verwendet werden (z. B. marron, orange): Diese sind unveränderlich.

	männlich	weiblich
Singular	un pull noir un pull bleu un pull **marron** un pull **orange**	une jupe noir**e** une jupe bleu**e** une jupe **marron** une jupe **orange**
Plural	des pulls noir**s** des pulls bleu**s** des pulls **marron** des pulls **orange**	des jupes noir**es** des jupes bleu**es** des jupes **marron** des jupes **orange**

5.3 Stellung des Adjektivs

Fast alle Adjektive stehen nach dem Substantiv. Nur einige kurze und häufig gebrauchte Adjektive wie grand, petit, bon, beau, gros, nouveau und vieux stehen meistens vor dem Substantiv.

un grand nombre — eine große (An)zahl
un petit bagage — ein kleines Gepäck
un bon livre — ein gutes Buch
une belle femme — eine schöne Frau
un gros nuage — eine dicke Wolke
une nouvelle collègue — eine neue Kollegin
un vieux monsieur — ein alter Herr

6. Die Personalpronomen

6.1 Die Subjektpronomen

Die unbetonten Subjektpronomen werden immer zusammen mit einem Verb gebraucht.

Je suis française. Ich bin Französin. Ils font la cuisine. Sie kochen.

	Singular	Plural
1. Person	je / j' (ich)	nous (wir)
2. Person	tu (du)	vous (ihr / Sie)
3. Person	il / elle (er / sie) on (man / wir)	ils / elles (sie)

- Je wird vor Vokal oder stummem h zu j': j'habite, j'aime.
- Il als Subjekt eines unpersönlichen Verbs entspricht dem deutschen «es»: il pleut (es regnet), il y a (es gibt).
- On ersetzt im gesprochenen Französisch sehr oft nous: On sort ce soir ? (Gehen wir heute Abend aus?) On entspricht als Indefinitpronomen dem deutschen «man»: Ici, on vit bien. (Hier lebt man gut.)
- Vous steht für «Sie» (höfliche Anrede im Singular oder Plural) oder «ihr»: Vous venez ? (Kommt ihr? / Kommen Sie?)
- Ils steht für männliche oder gemischte Subjekte: Où sont Claire et Julien ? – Ils sont dans le jardin. (Wo sind Claire und Julien? – Sie sind im Garten.) Elles steht ausschließlich für weibliche Subjekte: Cécile et Claire sont sœurs ? – Oui, elles sont sœurs. (Sind Cécile und Claire Schwestern? – Ja, sie sind Schwestern.)

6.2 Die betonten Personalpronomen

Die betonten Personalpronomen können ohne Verb verwendet werden. Sie haben als Subjekt oder Objekt die gleiche Form.

	Singular	Plural
1. Person	moi (ich / mich / mir)	nous (wir / uns)
2. Person	toi (du / dich / dir)	vous (ihr / euch bzw. Sie / Ihnen)

Betonte Personalpronomen stehen:

- vor einem Subjektpronomen: Moi, j'aime le chocolat. (Ich mag Schokolade.)
- in einem verblosen Satz: Et toi ? – Moi aussi. (Und du? – Ich auch.)
- nach einer Präposition: Je viens avec toi. (Ich komme mit dir mit.)

6.3 Die direkten Objektpronomen

Die direkten Objektpronomen le, la, l' (ihn / sie) und les (sie) ersetzen ein bereits erwähntes direktes Objekt (= Akkusativobjekt) und richten sich in Geschlecht und Zahl nach dem Objekt, das sie ersetzen.

♠ Je prends le poisson à la provençale. — ♠ Ich nehme den Fisch auf provenzalische Art.
♣ Je le prends aussi. — ♣ Ich nehme ihn auch.

♠ Tu connais ma sœur ? — ♠ Kennst du meine Schwester?
♣ Oui, je la connais bien. — ♣ Ja, ich kenne sie gut.

♠ J'aime bien les tomates farcies. — ♠ Ich mag gefüllte Tomaten.
♣ Moi, je les préfère en salade. — ♣ Ich mag sie lieber im Salat.

Vor Vokal oder stummem h werden le und la zu l':

♠ J'achète le pain au supermarché. — ♠ Ich kaufe Brot im Supermarkt.
♣ Moi, je l'achète chez le boulanger. — ♣ Ich kaufe es beim Bäcker.

7. Das Verb (I): Das Präsens

7.1 *Être, avoir* und *aller*

Être (sein), avoir (haben) und aller (gehen) sind unregelmäßig.

Être und avoir werden verwendet als:

- Vollverben: Elle est anglaise et elle a 24 ans. (Sie ist Engländerin und 24 Jahre alt.)
- Hilfsverben zur Bildung des ***passé composé*** (siehe 9.1 und 9.2).

être	avoir	aller
je suis	j'ai	je vais
tu es	tu as	tu vas
il / elle / on est	il / elle / on a	il / elle / on va
nous sommes	nous avons	nous allons
vous êtes	vous avez	vous allez
ils / elles sont	ils / elles ont	ils / elles vont

7.2 Verben auf *-er*

7.2.1 Regelmäßige Verben

Die meisten französischen Verben enden auf -er. Alle Verben auf -er (außer aller) haben im Präsens folgende Endungen: -e, -es, -e, -ons, -ez, -ent. Die Endungen -e, -es, -e und -ent sind stumm. Den voranstehenden Konsonanten (im angegebenen Beispiel das d von deman_d_er) hört man:

	demander
je	demande
tu	demandes
il / elle / on	demande
nous	demandons
vous	demandez
ils / elles	demandent

7.2.2 Verben auf *-er* mit orthografischen Besonderheiten

	acheter (kaufen)	appeler (anrufen)	préférer (vorziehen)	payer (bezahlen)	envoyer (schicken)	commencer (beginnen)	manger (essen)
je / j'	achète	appelle	préfère	paie / paye	envoie	commence	mange
tu	achètes	appelles	préfères	paies / payes	envoies	commences	manges
il / elle / on	achète	appelle	préfère	paie / paye	envoie	commence	mange
nous	achetons	appelons	préférons	payons	envoyons	commençons	mangeons
vous	achetez	appelez	préférez	payez	envoyez	commencez	mangez
ils / elles	achètent	appellent	préfèrent	paient / payent	envoient	commencent	mangent

7.3 Verben auf *-ir* und *-dre*

	finir (beenden)	sortir (ausgehen)	vendre (verkaufen)
je	finis	sors	vends
tu	finis	sors	vends
il / elle / on	finit	sort	vend
nous	fin_iss_ons	sortons	vendons
vous	fin_iss_ez	sortez	vendez
ils / elles	fin_iss_ent	sortent	vendent
ebenso:	choisir (auswählen), réfléchir (überlegen)	dormir (schlafen), partir (weggehen)	attendre (warten), répondre (antworten)

7.4 Modalverben

Die Modalverben devoir (müssen, sollen), pouvoir (können, dürfen), vouloir (wollen) und savoir (können) sind unregelmäßige Verben und werden in der Regel von einem Verb im Infinitiv begleitet.

	devoir	pouvoir	vouloir	savoir
je	dois	peux	veux	sais
tu	dois	peux	veux	sais
il / elle / on	doit	peut	veut	sait
nous	devons	pouvons	voulons	savons
vous	devez	pouvez	voulez	savez
ils / elles	doivent	peuvent	veulent	savent

Ils veulent aller à la mer. — Sie wollen ans Meer fahren.
Elle ne peut pas venir. — Sie kann / darf nicht kommen.
Elle doit annuler le rendez-vous. — Sie muss den Termin absagen.

Das deutsche Verb «können» kann im Französischen durch pouvoir (Möglichkeit) und savoir (Fähigkeit oder Wissen) wiedergegeben werden.

Elle sait préparer la quiche lorraine. — Sie kann eine Quiche Lorraine zubereiten.

7.5 Reflexive Verben und Reflexivpronomen

Reflexive Verben werden wie normale Verben konjugiert, allerdings wird das jeweilige Reflexivpronomen (me / m', te / t', se / s', nous, vous, se / s') dem konjugierten Verb vorangestellt.

	s'appeler (heißen)	se lever (aufstehen)
je	m'appelle	me lève
tu	t'appelles	te lèves
il / elle / on	s'appelle	se lève
nous	nous appelons	nous levons
vous	vous appelez	vous levez
ils / elles	s'appellent	se lèvent

7.6 Unpersönliche Verben

Unpersönliche Verben werden mit dem Pronomen il (es) verwendet. Anders als im Deutschen steht das Verb immer in der 3. Person Singular.

Il y a l'air conditionné dans cet hôtel ? — Gibt es im Hotel eine Klimaanlage?
Il y a 410 kilomètres entre Paris et l'île de Ré. — Es liegen 410 km zwischen Paris und der Île de Ré.
Il ne fait pas beau : il pleut et il fait froid. — Das Wetter ist nicht schön: Es regnet und es ist kalt.
Il est 21 heures. — Es ist 21 Uhr.
Il faut aller chez le médecin. — Sie müssen zum Arzt gehen.

8. Das Verb (II): Die nahe Zukunft (*futur proche*)

Um Pläne oder Absichten zu beschreiben, die in der nahen Zukunft liegen, benutzt man im Französischen das Präsens von aller + Infinitiv. Die nahe Zukunft wird meistens im gesprochenen Französisch benutzt und im Deutschen mit dem Präsens wiedergegeben.

Nous allons partir en vacances en juin.	Wir fahren im Juni in den Urlaub.
Ce soir, on va manger au restaurant.	Heute Abend essen wir im Restaurant.
Je vais venir à la fête.	Ich komme auf das Fest.

9. Das Verb (III): Das *passé composé*

9.1 Gebrauch und Bildung

- Das *passé composé* wird meistens verwendet, um eine in der Vergangenheit vollendete Handlung wiederzugeben. Es wird wie das deutsche Perfekt gebildet: Präsens der Hilfsverben avoir oder être + Partizip Perfekt des Verbs (z. B. il a mangé = er hat gegessen).
- Der Gebrauch der Hilfsverben avoir und être entspricht in der Regel dem Gebrauch von «haben» und «sein» im Deutschen.
- Das Partizip Perfekt wird aus dem Infinitiv des jeweiligen Verbs abgeleitet:

Verb auf ...	Partizip Perfekt auf ...	Beispiele
-er →	-é	manger → mangé, aller → allé, nager → nagé
-ir →	-i	sortir → sorti, dormir → dormi, finir → fini
-dre →	-u	attendre → attendu, vendre → vendu, entendre → entendu
-oir(e) →	-u	boire → bu, pouvoir → pu, vouloir → voulu, savoir → su, voir → vu aber: devoir → dû

9.2 Die Konjugation mit *avoir* und *être*

- Wenn das *passé composé* mit dem Hilfsverb avoir gebildet wird, bleibt das Partizip Perfekt unverändert.

	manger (essen)	dormir (schlafen)
j'	ai mangé	ai dormi
tu	as mangé	as dormi
il / elle / on	a mangé	a dormi
nous	avons mangé	avons dormi
vous	avez mangé	avez dormi
ils / elles	ont mangé	ont dormi

Das *passé composé* von être wird mit dem Hilfsverb avoir gebildet: J'ai été au cinéma. (Ich bin im Kino gewesen.)

- Wird das *passé composé* mit dem Hilfsverb être gebildet, dann gleicht man das Partizip Perfekt in Geschlecht und Zahl dem Subjekt an.

	aller (gehen)	sortir (ausgehen)
je	suis allé(e)	suis sorti(e)
tu	es allé(e)	es sorti(e)
il	est allé	est sorti
elle	est allée	est sortie
on	est allé(e)s	est sorti(e)s
nous	sommes allé(e)s	sommes sorti(e)s
vous	êtes allé(e)s	êtes sorti(e)s
ils	sont allés	sont sortis
elles	sont allées	sont sorties

9.3 Unregelmäßige Formen des Partizips Perfekt

Folgende wichtige Verben bilden das Partizip Perfekt unregelmäßig.

Infinitiv	avoir	être	faire	prendre	venir
Partizip Perfekt	eu	été	fait	pris	venu

Weitere unregelmäßige Formen finden Sie in der Tabelle der unregelmäßigen Verben ab S. 73.

9.4 Die Verneinung im *passé composé*

Im *passé composé* rahmt die Verneinung ne… pas das Hilfsverb ein.

Elle n'a pas passé de vacances en camping.	Sie hat den Urlaub nicht auf dem Campingplatz verbracht.
Ils ne sont pas partis en vacances.	Sie sind nicht in den Urlaub gefahren.

10. Der Satz

10.1 Der Fragesatz

10.1.1 Fragetypen

Es gibt im Französischen drei Möglichkeiten, eine Frage zu bilden:

- Die **Intonationsfrage** gehört zur gesprochenen bzw. Umgangssprache. Ohne Fragewort ist sie nur an der steigenden Satzmelodie erkennbar.

  Subjekt + Verb: Vous parlez français ? (Sprechen Sie Französisch?)

  Subjekt + Verb + Fragewort: Vous habitez où ? (Wo wohnen Sie?)

- Die **est-ce que-Frage** ist die am meisten verwendete Art, eine Frage zu stellen.

  est-ce que + Subjekt + Verb: Est-ce que vous parlez français ? (Sprechen Sie Französisch?)
  Fragewort + est-ce que + Subjekt + Verb: Où est-ce que vous habitez ? (Wo wohnen Sie?)

▶ Die **Inversionsfrage** gehört zur gehobenen bzw. Schriftsprache.

Verb + Subjekt: Parlez-vous français ? (Sprechen Sie Französisch?)
Fragewort + Verb + Subjekt: Où habitez-vous ? (Wo wohnen Sie?)

10.1.2 Fragewörter

Comment ?	Wie?	Comment vas-tu ?	Wie geht es dir?
Combien (de) ?	Wie viel(e)?	Ça fait combien ?	Wie viel macht das?
		Combien de tomates voulez-vous ?	Wie viele Tomaten möchten Sie?
Où ?	Wo?	Où se trouve la poste ?	Wo befindet sich die Post?
	Wohin?	Tu vas où ?	Wohin gehst du?
D'où ?	Woher?	Tu viens d'où ?	Woher kommst du?
Pourquoi ?	Warum?	Pourquoi tu ne peux pas venir ce soir ?	Warum kannst du heute Abend nicht kommen?
Que ? (Qu'est-ce que ?)	Was?	Qu'est-ce que tu fais dans la vie ?	Was machst du beruflich?
Quand ?	Wann?	Quand est-ce qu'ils arrivent ?	Wann kommen sie an?
Qui ?	Wer?	C'est qui ?	Wer ist das?
	Wen?	Tu invites qui ?	Wen lädst du ein?

10.1.3 Der Fragebegleiter *quel*

Der Fragebegleiter quel (welcher, -e, -s) richtet sich in Geschlecht und Zahl nach dem Substantiv, auf das er sich bezieht.

	männlich	weiblich
Singular	quel	quelle
Plural	quels	quelles

Tu as quel âge ?	Wie alt bist du?
Quels plats français aimes-tu ?	Welche französischen Gerichte magst du?
Quelle heure est-il ?	Wie spät ist es?
Quelles villes françaises est-ce que tu connais ?	Welche französischen Städte kennst du?

10.2 Die Verneinung

Die Verneinung besteht im Französischen aus zwei Teilen, die das konjugierte Verb umschließen.

▶ Die geläufigste Verneinung besteht aus ne und pas. Ne wird vor Vokal oder stummem h zu n'.

Il ne vient pas.	Er kommt nicht
Je n'habite pas ici.	Ich wohne nicht hier.
Vous n'allez pas visiter Paris ?	Besichtigt ihr Paris nicht?

- Ne kann mit anderen Verneinungswörtern wie jamais (niemals), rien (nichts) oder personne (niemand) kombiniert werden.

Je ne prends jamais le métro.	Ich fahre nie mit der U-Bahn.
Il ne voit rien de spécial.	Er sieht nichts Besonderes.
Il n'y a personne.	Es ist niemand da.

- Im gesprochenen Französisch wird ne / n' oft vernachlässigt: Il vient pas. Vous allez pas visiter Paris ? Je prends jamais le métro.
- „Kein" wird im Französischen mit ne… pas de wiedergegeben (siehe auch Punkt 2.4): Il n'a pas de chien. (Er hat keinen Hund.)

11. Die Präpositionen

11.1 Die wichtigsten Präpositionen

À (au / aux) wird verwendet:

- als Orts- und Richtungsangabe auf die Frage «Wo(hin)?» sowie bei Städtenamen und männlichen Ländernamen (auch im Plural).

Elle habite à Nice.	Sie wohnt in Nizza.
Je vais au centre-ville.	Ich gehe ins Stadtzentrum.
Tu viens à la plage ?	Kommst du zum Strand?
Il travaille aux États-Unis.	Er arbeitet in den USA.

- als Entfernungsangabe: La station de métro est à 100 mètres. (Die U-Bahn Haltestelle ist 100 Meter entfernt.)
- als (Uhr)zeitangabe:

Le film commence à 20 h.	Der Film beginnt um 20.00 Uhr.
À jeudi !	Bis Donnerstag!

Chez wird verwendet:

- bei der Angabe des Zuhauses oder des Arbeitsplatzes von Personen:

Je vais chez ma mère.	Ich gehe zu meiner Mutter.
Il est chez le médecin.	Er ist beim Arzt.

- bei Firmennamen: Il travaille chez BMW. (Er arbeitet bei BMW.)

De (d' / du / des) wird verwendet:

- bei der Angabe der Herkunft («Woher?»): Il est de Bayonne. (Er ist aus Bayonne.)
- nach Mengenangaben und Mengenadverbien: un kilo de tomates (ein Kilo Tomaten), beaucoup d'argent (viel Geld)
- bei Angaben der Zugehörigkeit («Wessen?»): le frère de Mathilde (Mathildes Bruder)

En wird verwendet:

- als Orts- und Richtungsangabe auf die Frage «Wo(hin)?» bei weiblichen Ländern und Regionen:

On habite en Bavière.	Wir leben in Bayern.
Vous allez en France ?	Fahrt ihr nach Frankreich?

- bei der Angabe von Verkehrsmitteln: Tu pars en voiture ? (Fährst du mit dem Auto?)
- bei der Angabe von Stoffen oder Materialien: un pantalon en coton (eine Hose aus Baumwolle)
- vor Monatsnamen und Jahreszahlen: en septembre (im September) / en 2013 (2013)
- vor den Jahreszeiten (außer Frühling!): en été / automne / hiver (im Sommer / Herbst / Winter) **aber:** au printemps (im Frühling)

11.2 Weitere Präpositionen und Präpositionalausdrücke

à côté de	neben	à côté de la poste	neben die / der Post
au bout de	ans / am Ende von	au bout de la rue	ans / am Ende der Straße
dans	in (... hinein)	dans la chambre	ins / im Zimmer
derrière	hinter	derrière la porte	hinter der / die Tür
devant	vor	devant le cinéma	vor das /dem Kino
en face de	gegenüber	en face du café	gegenüber dem Café
jusqu'à	bis	jusqu'au feu	bis zur Ampel
loin de	weit entfernt von	loin du centre-ville	weit entfernt von der Stadtmitte
près de à proximité de	in der Nähe von / neben	près de l'hôtel	neben dem Hotel
sous	unter	sous le lit	unter das / dem Bett
sur	auf	sur la table	auf den / dem Tisch

11.3 Besonderheiten bei Ortsangaben

Anders als im Deutschen kann man im Französischen mit ein und derselben Ortspräposition eine Richtung (Antwort auf die Frage «wohin?») oder einen Standort (Antwort auf die Frage «wo?») angeben.

On va à Paris.	Wir fahren nach Paris.
On habite à Paris.	Wir wohnen in Paris.
Tu viens chez moi ?	Kommst du zu mir?
Tu manges chez moi ?	Isst du bei mir?
Il va en France.	Er fährt nach Frankreich.
Il travaille en France.	Er arbeitet in Frankreich.
Je saute dans l'eau.	Ich springe ins Wasser.
Je nage dans l'eau.	Ich schwimme im Wasser.

12. Adverbien

Je nach Bedeutung kann man die Adverbien in verschiedene Gruppen einteilen:

- Art und Weise: bien (gut) / mal (schlecht)

J'ai bien / mal mangé.	Ich habe gut / schlecht gegessen.

- Menge und Intensität: beaucoup (viel), un peu (ein wenig), assez (genug), trop (zu viel / sehr)

Pauline voyage beaucoup.	Pauline reist viel.
Les Français boivent un peu de bière.	Die Franzosen trinken ein wenig Bier.
Il y a assez de pain.	Es gibt genug Brot.
Les tomates ne sont pas trop mûres ?	Sind die Tomaten nicht zu reif?

- Aussi (auch) bezieht sich auf eine vorherige positive Aussage: En hiver, je fais du ski. – Moi aussi. (Im Winter fahre ich Ski. – Ich auch.)

- Non plus bezieht sich auf eine vorherige negative Aussage: Nous ne partons pas au bord de la mer. – Nous non plus. (Wir fahren nicht ans Meer. – Wir auch nicht.)

- Häufigkeit: toujours (immer), souvent (oft), quelquefois / parfois (manchmal), rarement (selten), jamais (nie)

Il boit toujours un café le matin.	Morgens trinkt er immer einen Kaffee.
Tu viens souvent ici ?	Kommst du oft hierher?
Je mange quelquefois de la viande.	Ich esse manchmal Fleisch.
On va rarement au sauna.	Wir gehen selten in die Sauna.
Je n'ai jamais été en Inde.	Ich bin nie in Indien gewesen.

13. Zeitangaben

- Zur Angabe des **Datums** werden die Grundzahlen verwendet (Ausnahme: der Monatserste) und man setzt keinen Punkt. Vor dem Tag steht der bestimmte Artikel.

Thierry est parti le trois juillet.	Thierry ist am 3. Juli abgereist.
Les Français ne travaillent pas le premier mai.	Die Franzosen arbeiten am 1. Mai nicht.

- Um die **Uhrzeit** anzugeben, verwendet man il est + Grundzahl + heure(s). Den Zeitpunkt gibt man mit der Präposition à an.

Il est une heure / deux heures.	Es ist ein Uhr / zwei Uhr.
À quatre heures et demie, je vais chercher les enfants.	Um halb fünf hole ich die Kinder ab.
À cinq heures moins le quart, nous rentrons à la maison.	Um Viertel vor fünf kommen wir nach Hause.

- Soll eine Regelmäßigkeit ausgedrückt werden, so steht vor den **Tageszeiten** der bestimmte Artikel: le matin (morgens), l'après-midi (nachmittags), le soir (abends)

  Aber: à midi / à minuit (mittags / mitternachts)

- Der Gebrauch des bestimmten Artikels vor den **Wochentagen** verändert die Bedeutung des Satzes.

Lundi, je vais au cinéma.	Am Montag gehe ich ins Kino.
Le lundi, je rentre tôt à la maison.	Montags komme ich früh nach Hause.

- Zeitangaben in der Vergangenheit: il y a (vor), l'année dernière / l'an dernier (letztes Jahr), en (im Jahr)

Je l'ai vu il y a six mois.	Ich habe ihn vor sechs Monaten gesehen.
L'année dernière, nous sommes allés à Paris.	Letztes Jahr sind wir nach Paris gefahren.
Elle a acheté sa voiture en 2011.	Sie hat ihr Auto 2011 gekauft.

14. Verbtabellen: Unregelmäßige Verben

aller (gehen)	
je	vais
tu	vas
il / elle / on	va
nous	allons
vous	allez
ils / elles	vont
je suis allé(e)	

avoir (haben)	
j'	ai
tu	as
il / elle / on	a
nous	avons
vous	avez
ils / elles	ont
j'ai eu	

boire (trinken)	
je	bois
tu	bois
il / elle / on	boit
nous	buvons
vous	buvez
ils / elles	boivent
j'ai bu	

comprendre (verstehen)	
je	comprends
tu	comprends
il / elle / on	comprend
nous	comprenons
vous	comprenez
ils / elles	comprennent
j'ai compris	

connaître (kennen)	
je	connais
tu	connais
il / elle / on	connaît
nous	connaissons
vous	connaissez
ils / elles	connaissent
j'ai connu	

devoir (müssen, sollen)	
je	dois
tu	dois
il / elle / on	doit
nous	devons
vous	devez
ils / elles	doivent
j'ai dû	

dire (sagen)	
je	dis
tu	dis
il / elle / on	dit
nous	disons
vous	dites
ils / elles	disent
j'ai dit	

dormir (schlafen)	
je	dors
tu	dors
il / elle / on	dort
nous	dormons
vous	dormez
ils / elles	dorment
j'ai dormi	

écrire (schreiben)	
je	écris
tu	écris
il / elle / on	écrit
nous	écrivons
vous	écrivez
ils / elles	écrivent
j'ai écrit	

être (sein)	
je	suis
tu	es
il / elle / on	est
nous	sommes
vous	êtes
ils / elles	sont
j'ai été	

faire (machen, tun)	
je	fais
tu	fais
il / elle / on	fait
nous	faisons
vous	faites
ils / elles	font
j'ai fait	

lire (lesen)	
je	lis
tu	lis
il / elle / on	lit
nous	lisons
vous	lisez
ils / elles	lisent
j'ai lu	

mettre (stellen, legen)	
je	mets
tu	mets
il / elle / on	met
nous	mettons
vous	mettez
ils / elles	mettent
j'ai mis	

offrir (schenken)	
j'	offre
tu	offres
il / elle / on	offre
nous	offrons
vous	offrez
ils / elles	offrent
j'ai offert	

partir (weggehen, wegfahren)	
je	pars
tu	pars
il / elle / on	part
nous	partons
vous	partez
ils / elles	partent
je suis parti(e)	

pouvoir (können)	
je	peux
tu	peux
il / elle / on	peut
nous	pouvons
vous	pouvez
ils / elles	peuvent
j'ai pu	

prendre (nehmen)	
je	prends
tu	prends
il / elle / on	prend
nous	prenons
vous	prenez
ils / elles	prennent
j'ai pris	

recevoir (bekommen)	
je	reçois
tu	reçois
il / elle / on	reçoit
nous	recevons
vous	recevez
ils / elles	reçoivent
j'ai reçu	

répondre (antworten)	
je	réponds
tu	réponds
il / elle / on	répond
nous	répondons
vous	répondez
ils / elles	répondent
j'ai répondu	

rire (lachen)	
je	ris
tu	ris
il / elle / on	rit
nous	rions
vous	riez
ils / elles	rient
j'ai ri	

savoir (wissen)	
je	sais
tu	sais
il / elle / on	sait
nous	savons
vous	savez
ils / elles	savent
j'ai su	

sortir (ausgehen)	
je	sors
tu	sors
il / elle / on	sort
nous	sortons
vous	sortez
ils / elles	sortent
je suis sorti(e)	

vendre (verkaufen)	
je	vends
tu	vends
il / elle / on	vend
nous	vendons
vous	vendez
ils / elles	vendent
j'ai vendu	

venir (kommen)	
je	viens
tu	viens
il / elle / on	vient
nous	venons
vous	venez
ils / elles	viennent
je suis venu(e)	

vivre (leben)	
je	vis
tu	vis
il / elle / on	vit
nous	vivons
vous	vivez
ils / elles	vivent
j'ai vécu	

voir (sehen)	
je	vois
tu	vois
il / elle / on	voit
nous	voyons
vous	voyez
ils / elles	voient
j'ai vu	

vouloir (wollen)	
je	veux
tu	veux
il / elle / on	veut
nous	voulons
vous	voulez
ils / elles	veulent
j'ai voulu	

Meine Verbtabellen

je	
tu	
il / elle / on	
nous	
vous	
ils / elles	

je	
tu	
il / elle / on	
nous	
vous	
ils / elles	

je	
tu	
il / elle / on	
nous	
vous	
ils / elles	

je	
tu	
il / elle / on	
nous	
vous	
ils / elles	

je	
tu	
il / elle / on	
nous	
vous	
ils / elles	

je	
tu	
il / elle / on	
nous	
vous	
ils / elles	

je	
tu	
il / elle / on	
nous	
vous	
ils / elles	

je	
tu	
il / elle / on	
nous	
vous	
ils / elles	

je	
tu	
il / elle / on	
nous	
vous	
ils / elles	

je	
tu	
il / elle / on	
nous	
vous	
ils / elles	

je	
tu	
il / elle / on	
nous	
vous	
ils / elles	

je	
tu	
il / elle / on	
nous	
vous	
ils / elles	

je	
tu	
il / elle / on	
nous	
vous	
ils / elles	

je	
tu	
il / elle / on	
nous	
vous	
ils / elles	

je	
tu	
il / elle / on	
nous	
vous	
ils / elles	

Lektionswortschatz

In dieser Liste finden Sie die Wörter und Wendungen jeder Lektion in der Reihenfolge ihres Vorkommens. Die deutsche Übersetzung gibt die Bedeutung des Begriffs im jeweiligen Kontext wieder. Die Vokabeln früherer Lektionen werden als bekannt vorausgesetzt.
Über das alphabetische Wörterverzeichnis im Anschluss an den Lektionswortschatz können Sie jederzeit feststellen, in welcher Lektion (erste Angabe, fett gedruckt) und Aktivität (zweite Angabe) das jeweilige Wort zum ersten Mal erschienen ist.
Die mit Stern* gekennzeichneten Verben haben entweder eine unregelmäßige Präsensform und/oder ein unregelmäßiges Partizip Perfekt.

Verwendete Abkürzungen im Lektionswortschatz und im alphabetischen Wortschatz:

f.	féminin	weiblich	E	Einstiegsseite
m.	masculin	männlich	R	Récapitulons
pl.	pluriel	Plural		

Leçon 1

E	Tu es d'où ?	[tyɛdu]	Wo kommst du her?
	Reprenons !	[ʀ(ə)pʀənɔ̃]	Wir greifen wieder auf!
	la grammaire	[lagʀamɛʀ]	Grammatik
	le lexique	[ləlɛksik]	Wortschatz
1	faire* connaissance	[fɛʀkɔnɛsɑ̃s]	(sich) kennenlernen
	le panorama *(m.)*	[ləpanɔʀama]	Panorama, Ausblick
	sur	[syʀ]	*hier:* über
	le monde	[ləmɔ̃d]	Welt
1a	regarder	[ʀ(ə)gaʀde]	anschauen
	la carte du monde	[lakaʀtdymɔ̃d]	Weltkarte
	la carte	[lakaʀt]	Karte
	du *(de+le)*	[dy]	von
	la page	[lapaʒ]	Seite
	à deux	[adø]	zu zweit, paarweise
	écrire*	[ekʀiʀ]	schreiben
	le maximum	[ləmaksimɔm]	die meisten
	l'adjectif *(m.)*	[ladʒɛktif]	Adjektiv
	de	[də]	von
	la nationalité	[lanasjɔnalite]	Nationalität, Staatsangehörigkeit
	vous	[vu]	ihr, Sie
	avoir*	[avwaʀ]	haben
	la minute	[laminyt]	Minute
	puis	[pɥi]	dann
	comparer	[kɔ̃paʀe]	vergleichen
	avec	[avɛk]	mit
	le reste	[ləʀɛst]	Rest
	la classe	[laklas]	Klasse
	français/e	[fʀɑ̃sɛ/fʀɑ̃sɛz]	französisch
	espagnol/e	[ɛspaɲɔl]	spanisch
	italien/ne	[italjɛ̃/italjɛn]	italienisch
	turc, turque	[tyʀk]	türkisch
	belge	[bɛlʒ]	belgisch
1b	à trois	[atʀwa]	zu dritt
	faire*	[fɛʀ]	machen
	la liste	[lalist]	Liste
	les merveilles *(f.pl.)*	[lemɛʀvɛj]	*hier:* Sehenswürdigkeiten
	que vous connaissez	[kəvukɔnɛse]	die Sie kennen
	que	[kə]	*hier:* den, die, das *(Relativpronomen)*
	connaître*	[kɔnɛtʀ]	kennen
	qui ... ?	[ki]	wer ... ?
	la plus longue	[laplylɔ̃g]	die längste

	l'exemple *(m.)*	[lɛgzɑ̃pl]	Beispiel
	en	[ɑ̃]	in
	l'Italie *(f.)*	[litali]	Italien
	à	[a]	in
	Rome	[ʀɔm]	Rom
	il y a	[ilja]	da ist/sind, es gibt
	le Colisée	[ləkɔlize]	Kolosseum
	je	[ʒə]	ich
	la tour	[latuʀ]	Turm
	c'est	[sɛ]	das ist
	être*	[ɛtʀ]	sein
	le monument	[ləmɔnymɑ̃]	Monument, Denkmal
	la basilique	[labazilik]	Basilika
2	Salut !	[saly]	Hallo!
2a	écouter	[ekute]	(an)hören, zuhören
	le dialogue	[lədjalɔg]	Dialog
	la photo	[lafɔto]	Foto
	quelles ? (quel/quelle)	[kɛl]	welcher, -e, -es?
	la personne	[lapɛʀsɔn]	Person
	parler	[paʀle]	reden, sprechen
	dans	[dɑ̃]	in
	discutez-en	[diskytezɑ̃]	sprechen Sie darüber
	votre	[vɔtʀ]	euer; Ihr
	le/la voisin/e	[ləvwazɛ̃/lavwazin]	Nachbar(in)
2b	encore une fois	[ɑ̃kɔʀynfwa]	noch einmal
	la fois	[lafwa]	Mal
	et	[e]	und
	compléter	[kɔ̃plete]	vervollständigen
	l'information *(f.)*	[lɛ̃fɔʀmasjɔ̃]	Information
	sur	[syʀ]	über
	la femme	[lafam]	Frau
	le nom	[lənɔ̃]	Name
	le lieu de naissance	[ləljød(ə)nɛsɑ̃s]	Geburtsort
	la naissance	[lanɛsɑ̃s]	Geburt
	le lieu de résidence	[ləljød(ə)ʀezidɑ̃s]	Wohnort
	la résidence	[laʀezidɑ̃s]	Wohnsitz
	l'âge *(m.)*	[laʒ]	Alter
	l'état civil *(m.)*	[letasivil]	Familienstand
	la langue	[lalɑ̃g]	Sprache
2c	poser une question	[pozeynkɛstjɔ̃]	eine Frage stellen
	la question	[lakɛstjɔ̃]	Frage
	le tableau	[lətablo]	Tabelle
	ci-dessous	[sid(ə)su]	unten
	utiliser	[ytilize]	benutzen
	une des trois façons de poser une question	[yndetʀwa fasɔ̃d(ə) pozeynkɛstjɔ̃]	eine der drei Frageformen
	des *(de+les)*	[de]	von
	tu	[ty]	du
	habiter	[abite]	wohnen
	où ?	[u]	wo?
	s'appeler	[sap(ə)le]	heißen
	comment ?	[kɔmɑ̃]	wie?
	marié/e	[maʀje]	verheiratet sein
3	le cours	[ləkuʀ]	Kurs
	la fiche	[lafiʃ]	*hier:* Formular
	vos	[vo]	eure; Ihre
	les données *(f.pl.)*	[ledɔne]	Daten
	interroger	[ɛ̃teʀɔʒe]	fragen
	d'autres	[dotʀ]	andere
	le/la participant/e	[ləpaʀtisipɑ̃/lapaʀtisipɑ̃t]	Teilnehmer(in)
	répondre*	[ʀepɔ̃dʀ]	antworten
	leurs	[lœʀ]	ihre
	à la fin	[alafɛ̃]	am Ende, zum Schluss
	la fin	[lafɛ̃]	Ende
	dire*	[diʀ]	sagen
	tout le/toute la	[tulə/tutla]	der/die ganze
	avoir* des choses en commun	[avwaʀde ʃozɑ̃kɔmœ̃]	etwas gemeinsam haben
	la chose	[laʃoz]	Ding, Sache
	de	[də]	*hier:* aus
	Munich	[mynik]	München
	mais	[mɛ]	aber
	Londres	[lɔ̃dʀ]	London
	l'Angleterre *(f.)*	[lɑ̃glətɛʀ]	England
	vivre*	[vivʀ]	leben
	Lisbonne	[lisbɔn]	Lissabon
	au *(a+le)*	[o]	in
	le Portugal	[ləpɔʀtygal]	Portugal
4	le docteur	[lədɔktœʀ]	Arzt
	naître*	[nɛtʀ]	geboren werden
	janvier *(m.)*	[ʒɑ̃vje]	Januar
4a	lire*	[liʀ]	lesen
	l'article *(m.)*	[laʀtikl]	Artikel

suivant/e	[sɥivɑ̃/sɥivɑ̃t]	folgender, -e, -es
souligner	[suliɲe]	unterstreichen
la profession	[lapʀɔfesjɔ̃]	Beruf
selon	[s(ə)lɔ̃]	*hier:* je nach
le mois	[ləmwa]	Monat
l'étude (*f.*)	[letyd]	Studie
mener	[m(ə)ne]	durchführen
par	[paʀ]	*hier:* von
l'Office britannique des statistiques nationales (*m.*)	[lɔfisbʀitanik destatistik nasjɔnal]	*nationales britisches Statistikamt*
montrer	[mɔ̃tʀe]	zeigen
que	[kə]	*hier:* dass
l'influence (*f.*)	[lɛ̃flyɑ̃s]	Einfluss
le choix	[ləʃwa]	(Aus-)Wahl
la carrière	[lakaʀjɛʀ]	beruflicher Werdegang, Karriere
l'enfant (*m.* + *f.*)	[lɑ̃fɑ̃]	Kind
analyser	[analize]	analysieren
le métier	[ləmetje]	Beruf
différent/e	[difeʀɑ̃/difeʀɑ̃t]	verschieden
ils	[il]	sie
remarquer	[ʀ(ə)maʀke]	bemerken
le pourcentage	[ləpuʀsɑ̃taʒ]	Prozentsatz
élevé/e	[el(ə)ve]	hoch
chez	[ʃe]	bei
le médecin (*m.* + *f.*)	[ləmedsɛ̃]	Arzt
ou	[u]	oder
l'agent du fisc (*m.* + *f.*)	[laʒɑ̃dyfisk]	Finanzbeamte(r)
février (*m.*)	[fevʀije]	Februar
plutôt	[plyto]	eher
l'artiste (*m.* + *f.*)	[laʀtist]	Künstler(in)
mars (*m.*)	[maʀs]	März
le/la pilote	[lə/lapilɔt]	Pilot(in)
le bébé	[ləbebe]	Baby
né/e	[ne]	geboren
avril (*m.*)	[avʀil]	April
mai (*m.*)	[mɛ]	Mai
beaucoup (de)	[boku(də)]	viel(e)
la possibilité	[lapɔsibilite]	Möglichkeit
le/la leader sportif/-ve	[ləlidœʀspɔʀtif/lalidœʀ spɔʀtiv]	Spitzensportler(in)
le/la dictateur/-trice	[lədiktatœʀ/ladiktatʀis]	Diktator(in)
etc.	[ɛtseteʀa]	usw.
juin (*m.*)	[ʒɥɛ̃]	Juni
juillet (*m.*)	[ʒɥijɛ]	Juli

	août (*m.*)	[u(t)]	August
	un grand nombre	[œ̃gʀɑ̃nɔ̃bʀ]	eine große Zahl
	le nombre	[lənɔ̃bʀ]	Zahl
	le/la dentiste	[lə/ladɑ̃tist]	Zahnarzt/-ärztin
	l'athlète (*m.* + *f.*)	[latlɛt]	Athlet(in)
	professionnel/le	[pʀɔfesjɔnɛl]	Profi...
	le/la prix Nobel	[lə/lapʀinɔbɛl]	*hier:* Nobelpreisträger(in)
	le/la physicien/ne	[ləfizisjɛ̃/lafizisjɛn]	Physiker(in)
	le/la sportif/-ve	[ləspɔʀtif/laspɔʀtiv]	Sportler(in)
	souvent	[suvɑ̃]	oft, häufig
	la rentrée	[laʀɑ̃tʀe]	*hier:* Schulbeginn *(im September)*
	selon	[s(ə)lɔ̃]	nach, gemäß
	la chance	[laʃɑ̃s]	Chance, Wahrscheinlichkeit
	le/la coiffeur/-euse	[ləkwafœʀ/lakwaføz]	Friseur(in)
	le/la maçon/ne	[ləmasɔ̃/lamasɔn]	Maurer(in)
	septembre (*m.*)	[sɛptɑ̃bʀ]	September
	faible	[fɛbl]	niedrig, gering
	le/la serial-killer	[lə/laseʀjal kilœʀ]	Serienmörder(in), Massenmörder(in)
	surtout	[syʀtu]	vor allem, besonders, insbesondere
	novembre (*m.*)	[nɔvɑ̃bʀ]	November
	dernier/ère	[dɛʀnje/dɛʀnjɛʀ]	letzter, -e, -es
	l'année (*f.*)	[lane]	Jahr
	décembre (*m.*)	[desɑ̃bʀ]	Dezember
	d'après	[dapʀɛ]	*hier:* aus
4b	relire*	[ʀ(ə)liʀ]	noch einmal lesen
	faire* une liste	[fɛʀynlist]	auflisten
4c	leur	[lœʀ]	ihr *(Possessivbegleiter)*
	la date de naissance	[ladatdənɛsɑ̃s]	Geburtsdatum
	la date	[ladat]	Datum
	représenter	[ʀ(ə)pʀezɑ̃te]	vertreten
	le groupe	[ləgʀup]	Gruppe
	trouver	[tʀuve]	finden
	la ressemblance	[laʀ(ə)sɑ̃blɑ̃s]	Ähnlichkeit
	la différence	[ladifeʀɑ̃s]	Unterschied
	autre	[otʀ]	anderer, -e, -es
	Qu'est-ce que tu fais dans la vie ?	[kɛskəty fɛdɑ̃lavi]	Was machst du beruflich?

	qu'est-ce que… ?	[kɛskə]	was …?
	la vie	[lavi]	Leben
	et toi ?	[etwa]	und du?
	moi	[mwa]	ich (*betont*)
	le/la secrétaire	[lə/la s(ə)kʀetɛʀ]	Sekretär(in)
	et vous ?	[evu]	und ihr/Sie?
5	la famille	[lafamij]	Familie
	l'ami (*m.*)	[lami]	Freund
	l'amie (*f.*)	[lami]	Freundin
	le couple	[ləkupl]	Paar
	en pleine conversation	[ɑ̃plɛn kɔ̃vɛʀsasjɔ̃]	mitten im Gespräch
	la conversation	[lakɔ̃vɛʀsasjɔ̃]	Gespräch
	plein/e	[plɛ̃/plɛn]	voll
5a	de quoi…?	[dəkwa]	worüber …?
	le mari	[ləmaʀi]	Ehemann
5b	deuxième	[døzjɛm]	zweiter, -e , -es
	veut (*vouloir**)	[vø]	will (*wollen*)
	organiser	[ɔʀganize]	organisieren, planen
	pour	[puʀ]	für
	son, sa, ses	[sɔ̃/sa/se]	sein(e), ihr(e)
	elle	[ɛl]	sie
	inviter	[ɛ̃vite]	einladen
	la mère	[lamɛʀ]	Mutter
	le/la collègue	[lə/lakɔ(l)lɛg]	Kollege, -in
	la belle-mère	[labɛlmɛʀ]	Schwiegermutter
	le frère	[ləfʀɛʀ]	Bruder
5c	le dessin	[lədesɛ̃]	Zeichnung
	décrire*	[dekʀiʀ]	beschreiben
6	quelqu'un	[kɛlkœ̃]	jemand
6a	choisir	[ʃwaziʀ]	auswählen, aussuchen
	le mot	[ləmo]	Wort
	juste	[ʒyst]	richtig, passend
	pour	[puʀ]	*hier:* um … zu
	grand/e	[gʀɑ̃/gʀɑ̃d]	groß
	petit/e	[p(ə)ti/p(ə)tit]	klein
	chauve	[ʃov]	kahl, glatzköpfig
	gros/se	[gʀo/gʀɔs]	dick
	mince	[mɛ̃s]	dünn
	le cheveu	[ləʃ(ə)vø]	Haar
	long/ue	[lɔ̃/lɔ̃g]	lang

	court/e	[kuʀ/kuʀt]	kurz
	brun/e	[bʀœ̃/bʀyn]	braun
	blond/e	[blɔ̃/blɔ̃d]	blond
	châtain	[ʃatɛ̃]	kastanienbraun
	porter	[pɔʀte]	tragen
	la moustache	[lamustaʃ]	Schnurrbart
	la barbe	[labaʀb]	Bart
	les lunettes (*f.pl.*)	[lelynɛt]	Brille
	les yeux (*m.pl.*)	[lezjø]	Augen
	l'œil (*m.*)	[lœj]	Auge
	noir/e	[nwaʀ]	schwarz
	marron	[maʀɔ̃]	braun
	bleu/e	[blø]	blau
	vert/e	[vɛʀ/vɛʀt]	grün
6b	attentivement	[atɑ̃tivmɑ̃]	genau, aufmerksam
	mémoriser	[memɔʀize]	sich einprägen
	le physique	[ləfizik]	Aussehen
	fermer	[fɛʀme]	schließen, zumachen
	le livre	[ləlivʀ]	Buch
	vérifier	[veʀifje]	kontrollieren
	bon/ne	[bɔ̃/bɔn]	gut
	la mémoire	[lamemwaʀ]	Gedächtnis
7	mon, ma, mes	[mɔ̃/ma/me]	mein(e)
	l'arbre généalogique (*m.*)	[laʀbʀ ʒenealɔʒik]	Stammbaum
	la phrase	[lafʀaz]	Satz
	se servir* de	[səsɛʀviʀdə]	benutzen, verwenden
	le plus de	[ləplysdə]	*hier:* die meisten
	le lien de parenté	[ləljɛ̃d(ə) paʀɑ̃te]	Verwandtschaftsverhältnis
	le fils	[ləfis]	Sohn
	la fille	[lafij]	Tochter
	la sœur	[lasœʀ]	Schwester
	le/la cousin/e	[ləkuzɛ̃/ lakuzin]	Cousin(e)
	l'oncle (*m.*)	[lɔ̃kl]	Onkel
	la tante	[latɑ̃t]	Tante
	le petit-fils	[ləp(ə)tifis]	Enkelsohn
	la petite-fille	[lap(ə)titfij]	Enkeltochter
	les grands-parents (*m.pl.*)	[legʀɑ̃paʀɑ̃]	Großeltern
	les parents (*m.pl.*)	[lepaʀɑ̃]	Eltern
	l'œuf (*m.*)	[lœf]	Ei
	le cœur	[ləkœʀ]	Herz
	le bœuf	[ləbœf]	Rind, Rindfleisch

8	qui… ?	[ki]	*hier:* wen …?
8a	ce (cet), cette, ces	[sə (sɛt)/ sɛt/se]	dieser, -e, -es
	l'e-mail (*m.*)/ le mail	[limɛl/ ləmɛl]	E-Mail
	raconter	[ʀakɔ̃te]	erzählen
	le projet	[ləpʀɔʒɛ]	Projekt, Plan
	la fête	[lafɛt]	Fest, Party
	l'anniversaire (*m.*)	[lanivɛʀsɛʀ]	Geburtstag
	la discussion	[ladiskysjɔ̃]	Auseinandersetzung, Diskussion
	les gens (*m.pl.*)	[leʒɑ̃]	Leute
	qu'elle veut inviter	[kɛlvøɛ̃vite]	die sie einladen will
	à l'aide de	[alɛddə]	mit Hilfe von
	l'aide (*f.*)	[lɛd]	Hilfe
	le point	[ləpwɛ̃]	Punkt
	indiquer	[ɛ̃dike]	angeben
	à qui	[aki]	wem
	Bonjour	[bɔ̃ʒuʀ]	Guten Tag!
	Comment vas-tu ?	[kɔmɑ̃vaty]	Wie geht's dir?
	je viens d'avoir* une discussion avec…	[ʒəvjɛ̃davwaʀ yndiskysjɔ̃ avɛk]	ich hatte gerade eine Diskussion mit …
	au sujet de	[osyʒɛdə]	über
	on	[ɔ̃]	*hier:* wir
	(être) d'accord	[(ɛtʀ)dakɔʀ]	einverstanden (sein)
	sur les gens à inviter	[syʀleʒɑ̃a ɛ̃vite]	wen wir einladen sollen
	bon	[bɔ̃]	also
	l'ami/e d'enfance (*m. + f.*)	[lamidɑ̃fɑ̃s]	Sandkasten-freund(in), Freund(in) aus der Kindheit
	venir*	[v(ə)niʀ]	kommen
	c'est sûr	[sɛsyʀ]	das ist sicher
	aussi	[osi]	auch
	penser	[pɑ̃se]	denken
	mes	[me]	meine
	le bureau	[ləbyʀo]	Büro
	les	[le]	*hier:* sie
	pas… encore	[paɑ̃kɔʀ]	noch nicht
	la fille	[lafij]	Mädchen, junge Frau
	très	[tʀɛ]	sehr
	sympa(thique)	[sɛ̃pa(tik)]	sympathisch
	gai/e	[ge/gɛ]	fröhlich
	qui rit	[kiʀi]	die lacht

	qui	[ki]	der, die, das (*Relativpronomen*)
	rire*	[ʀiʀ]	lachen
	tout le temps	[tul(ə)tɑ̃]	die ganze Zeit
	réservé/e	[ʀezɛʀve]	zurückhaltend
	intéressant/e	[ɛ̃teʀesɑ̃/ ɛ̃teʀesɑ̃t]	interessant
	voyager	[vwajaʒe]	reisen, verreisen
	ouvert/e	[uvɛʀ/uvɛʀt]	offen
	super	[sypɛʀ]	*hier:* sehr
	gentil/le	[ʒɑ̃ti/ʒɑ̃tij]	nett, lieb
	quand	[kɑ̃]	wenn
	le yoga	[lə'jɔga]	Yoga
	il	[il]	er
	me	[mə]	*hier:* mir
	on doit (*devoir**)	[ɔ̃dwa]	wir sollen (*müssen, sollen*)
	ses	[se]	seine, ihre
	sinon	[sinɔ̃]	ansonsten
	il ne va y avoir* que des femmes	[ilnəvaiavwaʀ kədefam]	es werden nur Frauen da sein
	ne… que	[nəkə]	nur
	certains	[sɛʀtɛ̃]	manche, einige
	vraiment	[vʀɛmɑ̃]	wirklich
	ennuyeux/-se	[ɑ̃nɥijø/ɑ̃nɥijøz]	langweilig
	triste	[tʀist]	traurig
	dans ce cas	[dɑ̃səka]	in diesem Fall
	on peut (*pouvoir**)	[ɔ̃pø]	wir können (*können*)
	sa	[sa]	sein(e), ihr(e)
	non	[nɔ̃]	nein
	trop de	[tʀodə]	zu viel
	le monde	[ləmɔ̃d]	*hier:* Leute
	Que faire* maintenant ?	[kəfɛʀ mɛ̃t(ə)nɑ̃]	Was soll ich jetzt machen?
	que… ?	[kə]	was?
	maintenant	[mɛ̃t(ə)nɑ̃]	jetzt
	le bisou	[ləbizu]	Küsschen
8b	l'adjectif possessif (*m.*)	[ladʒɛktif pɔsesif]	Possessivbegleiter
9	le contraire	[ləkɔ̃tʀɛʀ]	Gegensatz
	le caractère	[ləkaʀaktɛʀ]	Charakter
	antipathique	[ɑ̃tipatik]	unsympathisch
	méchant/e	[meʃɑ̃/meʃɑ̃t]	böse
10	le début	[lədeby]	Anfang
	en groupe	[ɑ̃gʀup]	in Gruppen

	chaque	[ʃak]	jeder, -e, -es
	présenter	[pʀezɑ̃te]	vorstellen
	expliquer	[ɛksplike]	erklären
	pourquoi	[puʀkwa]	warum
	je voudrais	[ʒəvudʀɛ]	ich möchte
	Il a 35 ans.	[ilatʀɑ̃tsɛ̃kɑ̃]	Er ist 35 Jahre alt.
	travailler	[tʀavaje]	arbeiten
	comme	[kɔm]	wie
	et puis	[epɥi]	außerdem
	parce que	[paʀs(ə)kə]	weil
	le stage	[ləstaʒ]	Praktikum
	célibataire	[selibatɛʀ]	ledig
R	correspondant	[kɔʀɛspɔ̃dɑ̃]	entsprechend
	Florence	[flɔʀɑ̃s]	Florenz
	physiquement	[fizikmɑ̃]	physisch
	le père	[ləpɛʀ]	Vater

Leçon 2

E	C'est la vie !	[sɛlavi]	So ist das Leben!
	l'intermède *(m.)*	[lɛ̃tɛʀmɛd]	Zwischenspiel
	imaginer	[imaʒine]	sich vorstellen
	l'idée *(f.)*	[lide]	Idee
1	la routine	[laʀutin]	Alltag, Routine
	quotidien/ne	[kɔtidjɛ̃/ kɔtidjɛn]	täglich
	ta	[ta]	dein(e)
	la journée	[laʒuʀne]	Tag
1a	le message	[ləmesaʒ]	Nachricht, Beitrag
	poster	[pɔste]	posten
	le forum	[ləfɔʀɔm]	Forum
	correspondre* à	[kɔʀɛspɔ̃dʀa]	sich beziehen auf
	chacun/e	[ʃakœ̃/ʃakyn]	jede(r)
	le texte	[lətɛkst]	Text
	nous	[nu]	wir
	rentrer (à la maison)	[ʀɑ̃tʀe(ala mɛzɔ̃)]	(nach Hause) zurückkommen
	la maison	[lamɛzɔ̃]	Haus, Heim
	se lever	[səl(ə)ve]	aufstehen
	tôt	[to]	früh
	à	[a]	um
	tous les jours	[tuleʒuʀ]	jeden Tag
	le jour	[ləʒuʀ]	Tag
	sauf	[sof]	außer
	le dimanche	[lədimɑ̃ʃ]	Sonntag
	prendre* une douche	[pʀɑ̃dʀynduʃ]	duschen
	la douche	[laduʃ]	Dusche
	préparer	[pʀepaʀe]	vorbereiten
	le petit-déjeuner	[ləp(ə)ti deʒœne]	Frühstück
	tout le monde	[tul(ə)mɔ̃d]	alle
	avant de *(+ Infinitiv)*	[avɑ̃də]	bevor
	aller*	[ale]	gehen, fahren
	accompagner	[akɔ̃paɲe]	*hier:* bringen
	ma	[ma]	mein(e)
	la	[la]	*hier:* sie
	l'école *(f.)*	[lekɔl]	Schule
	chercher	[ʃɛʀʃe]	*hier:* abholen
	la sortie	[lasɔʀti]	Ausgang, *hier:* Ende
	vers	[vɛʀ]	gegen
	la pause déjeuner	[lapozdeʒœne]	Mittagspause
	jusqu'à	[ʒyska]	bis
	finir	[finiʀ]	aufhören
	après	[apʀɛ]	danach
	faire* les courses	[fɛʀlekuʀs]	einkaufen
	les courses *(f.pl.)*	[lekuʀs]	Einkäufe
	ensuite	[ɑ̃sɥit]	dann, danach
	ranger	[ʀɑ̃ʒe]	aufräumen
	un peu	[œ̃pø]	ein bisschen
	le dîner	[ledine]	Abendessen
	dîner	[dine]	zu Abend essen
	regarder la télé(vision)	[ʀ(ə)gaʀdela tele(vizjɔ̃)]	fernsehen
	la télévision	[latelevizjɔ̃]	Fernseher; Fernsehen
	comme	[kɔm]	als
	le/la journaliste	[lə/laʒuʀnalist]	Journalist
	free-lance	[fʀilɑ̃s]	freiberuflich
	alors	[alɔʀ]	also
	typique	[tipik]	typisch
	s'organiser	[sɔʀganize]	sich organisieren
	le matin	[ləmatɛ̃]	am Morgen, morgens
	le matin	[ləmatɛ̃]	Morgen, Vormittag
	ça	[sa]	das
	dépendre* de	[depɑ̃dʀdə]	abhängen
	la nuit	[lanɥi]	Nacht
	passer	[pase]	verbringen
	allumer	[alyme]	anschalten
	l'ordi(nateur) *(m.)*	[lɔʀdi(natœʀ)]	Computer
	le quotidien	[ləkɔtidjɛ̃]	*hier:* Tageszeitung

	en ligne	[ɑ̃liɲ]	online
	quelques	[kɛlkə]	ein paar, einige
	l'heure (*f.*)	[lœʀ]	Stunde
	déjeuner	[deʒœne]	zu Mittag essen
	le café	[ləkafe]	*hier:* Café
	en bas	[ɑ̃ba]	unten
	le soir	[ləswaʀ]	am Abend, abends
	le soir	[ləswaʀ]	Abend
	à partir de	[apaʀtiʀdə]	ab
	sept heures et demie	[sɛtœʀed(ə)mi]	halb acht
	et demie	[ed(ə)mi]	und eine halbe Stunde
	sortir*	[sɔʀtiʀ]	ausgehen
	le cinéma	[ləsinema]	Kino
	le théâtre	[ləteatʀ]	Theater
	le vernissage	[ləvɛʀnisaʒ]	Vernissage
	ou bien	[ubjɛ̃]	oder
	retrouver	[r(ə)tʀuve]	sich treffen
	manger	[mɑ̃ʒe]	essen
	ensemble	[ɑ̃sɑ̃bl]	zusammen
	toujours	[tuʒuʀ]	immer
	trop	[tʀo]	zu
	tard	[taʀ]	spät
	prendre* un petit-déjeuner	[pʀɑ̃dʀœ̃ p(ə)tideʒœne]	frühstücken
	jamais	[ʒamɛ]	niemals
	courir*	[kuʀiʀ]	rennen, laufen
	y	[i]	dort
	rester	[ʀɛste]	bleiben
	juste	[ʒyst]	nur
	la pause	[lapoz]	Pause
	la cantine	[lakɑ̃tin]	Kantine, Mensa
	après (+ *Substantiv*)	[apʀɛ]	nach
	le club de sport	[ləklœbd(ə) spɔʀ]	Turnhalle, Fitness-center
	ma copine	[makɔpin]	meine (feste) Freundin
	le copain	[ləkɔpɛ̃]	(fester) Freund
	la copine	[lakɔpin]	(feste) Freundin
	la soirée	[laswaʀe]	Abend
1b	l'activité (*f.*)	[laktivite]	Aktivität
	le moment	[ləmɔmɑ̃]	Moment
	l'expression (*f.*)	[lɛkspʀesjɔ̃]	Ausdruck
	ci-dessus	[sid(ə)sy]	oben
	à midi	[amidi]	um zwölf Uhr mittags, mittags

	le midi	[ləmidi]	Mittag
	l'après-midi	[lapʀɛmidi]	am Nachmittag
	l'après-midi (*m. oder f.*)	[lapʀɛmidi]	Nachmittag
1c	ajouter	[aʒute]	hinzufügen
	nouveau, nouvelle	[nuvo/nuvɛl]	neu
1d	chacun son tour	[ʃakœ̃sɔ̃tuʀ]	abwechselnd
	l'un d'entre vous	[lœ̃dɑ̃tʀvu]	einer von euch/Ihnen
	le verbe	[ləvɛʀb]	Verb
	troisième	[tʀwazjɛm]	dritter
	donner	[dɔne]	geben, *hier:* angeben
	si	[si]	*hier:* wenn
	sûr/e	[syʀ]	sicher
	demander	[d(ə)mɑ̃de]	fragen
	le/la professeur	[lə/lapʀɔfesœʀ]	Lehrer(in)
	à huit heures	[aɥitœʀ]	um acht Uhr
2	À quelle heure ?	[akɛlœʀ]	Um wie viel Uhr?
	au moins	[omwɛ̃]	mindestens
	l'encadré (*m.*)	[lɑ̃kadʀe]	Kasten
	à droite	[adʀwat]	rechts
	la réponse	[laʀepɔ̃s]	Antwort
	le/la camarade de classe	[lə/lakamaʀad dəklas]	Klassenkamerad(in)
	aller* au lit	[aleoli]	zu Bett gehen
	le lit	[ləli]	Bett
	à onze heures moins le quart	[aɔ̃zœʀmwɛ̃l(ə) kaʀ]	um viertel vor elf
	à minuit	[aminɥi]	um Mitternacht
	à sept heures (du matin/du soir)	[asɛtœʀ(dy matɛ̃/dyswaʀ)]	um sieben Uhr (morgens/abends)
	à cinq heures et quart	[asɛ̃kœʀekaʀ]	um Viertel nach fünf
	de... à	[dəa]	von ... bis
3	Quelle journée !	[kɛlʒuʀne]	Was für ein Tag!
3a	d'après vous	[dapʀɛvu]	eurer/Ihrer Meinung nach
	l'imagination (*f.*)	[limaʒinasjɔ̃]	Fantasie
	mardi (*m.*)	[maʀdi]	*hier:* diesen Dienstag
	le mardi	[ləmaʀdi]	dienstags
	le mardi	[lɔmandi]	Dienstag

3b	deviner	[d(ə)vine]	raten, erraten
3c	réécouter	[ʀeekute]	noch einmal (an)hören/zuhören
	le/la partenaire	[lə/lapaʀtənɛʀ]	Partner(in)
4a	mettre* dans le bon ordre	[mɛtʀdɑ̃lə bɔnɔʀdʀ]	gut einordnen
	mettre*	[mɛtʀ]	stellen, legen, setzen
	parfois	[paʀfwa]	manchmal
	quelquefois	[kɛlkəfwa]	manchmal
	rarement	[ʀaʀmɑ̃]	selten
4b	si	[si]	*hier:* ob
	l'habitude *(f.)*	[labityd]	Gewohnheit
	le journal	[ləʒuʀnal]	Zeitung
	boire*	[bwaʀ]	trinken
	le verre	[ləvɛʀ]	Glas
	le vin	[ləvɛ̃]	Wein
	la sieste	[lasjɛst]	Mittagsschlaf
	avant	[avɑ̃]	vor
4c	la fiche	[lafiʃ]	Zettel
	vous	[vu]	*hier:* euch/Ihnen
	ressembler	[ʀ(ə)sɑ̃ble]	ähneln
	le plus	[ləplys]	am meisten
	moi aussi	[mwaosi]	ich auch
	la montagne	[mɔ̃taɲ]	Berg(e)
	le week-end	[ləwikɛnd]	am Wochenende
	le week-end	[ləwikɛnd]	Wochenende
	moi non plus	[mwanɔ̃ply]	ich auch nicht
5	un seul de 28 jours	[œ̃sœld(ə) vɛ̃tɥiʒuʀ]	nur einer hat 28 Tage
	le premier	[ləpʀəmje]	*hier:* als erste
	premier/-ère	[pʀəmje/ pʀəmjɛʀ]	erster, -e, -es
	l'ordre *(m.)*	[lɔʀdʀ]	Reihenfolge
	l'automne *(m.)*	[lɔtɔn]	Herbst
	l'hiver *(m.)*	[livɛʀ]	Winter
	le printemps	[ləpʀɛ̃tɑ̃]	Frühling
	l'été *(m.)*	[lete]	Sommer
6	au téléphone	[otelefɔn]	am Telefon
	le téléphone	[lətelefɔn]	Telefon
6a	l'agenda *(m.)*	[laʒɛ̃da]	Kalender
	le jour de la semaine	[ləʒuʀd(ə)la s(ə)mɛn]	Wochentag
	la semaine	[las(ə)mɛn]	Woche
	le lundi	[ləlœ̃di]	Montag
6b	l'Ascension	[lasɑ̃sjɔ̃]	Christi Himmelfahrt
	quand… ?	[kɑ̃]	*hier:* wann …?
	partir*	[paʀtiʀ]	abfahren, losfahren
	proposer	[pʀɔpoze]	vorschlagen
6c	cocher	[kɔʃe]	ankreuzen
	entendre*	[ɑ̃tɑ̃dʀ]	hören
	Ça te dit… ?	[satədi]	Was hältst du davon …?
	te	[tə]	*hier:* dir
	Bon, d'accord.	[bɔ̃dakɔʀ]	Gut, einverstanden.
	avoir* envie de	[avwaʀɑ̃vidə]	Lust haben auf/zu
	l'envie *(f.)*	[lɑ̃vi]	Lust
	volontiers	[vɔlɔ̃tje]	gerne
	Quelle bonne idée !	[kɛlbɔnide]	Was für eine gute Idee!
	Pas question !	[pakɛstjɔ̃]	Auf keinen Fall!
	Désolé/e !	[dezɔle]	Tut mir leid!
	Entendu !	[ɑ̃tɑ̃dy]	Einverstanden!
	C'est pas possible.	[sɛpapɔsibl]	Das ist unmöglich.
	possible	[pɔsibl]	möglich
6d	la proposition	[lapʀɔpozisjɔ̃]	Vorschlag
	accepter	[aksɛpte]	annehmen
	refuser	[ʀ(ə)fyze]	ablehnen
7a	le loisir	[ləlwaziʀ]	Hobby
	Ajoutez-en d'autres.	[aʒutezɑ̃dotʀ]	Fügen Sie andere hinzu.
	faire* du ski	[fɛʀdyski]	ski fahren
	le ski	[ləski]	Skifahren
	faire* de la photo	[fɛʀdəlafɔto]	fotografieren
	faire* du dessin	[fɛʀdydesɛ̃]	zeichnen
	faire* la cuisine	[fɛʀlakɥizin]	kochen
	la cuisine	[lakɥizin]	Kochen; Küche
	faire* le ménage	[fɛʀləmenaʒ]	die Wohnung putzen, sauber machen
	le ménage	[ləmenaʒ]	Haushalt
	faire* de la danse	[fɛʀdəladɑ̃s]	einen Tanzkurs besuchen
	la danse	[ladɑ̃s]	Tanz
	faire* du vélo	[fɛʀdyvelo]	Fahrrad fahren
	le vélo	[ləvelo]	Fahrrad
	la piscine	[lapisin]	Schwimmbad
	surfer sur Internet	[sœʀfesyʀ ɛ̃tɛʀnɛt]	im Internet surfen

	jouer au tennis	[ʒweotenis]	Tennis spielen
7b	représenté à droite	[ʀ(ə)pʀezɑ̃te adʀwat]	*hier:* rechts stehend
	le rendez-vous	[ləʀɑ̃devu]	Verabredung, Termin
	quatrième	[katʀijɛm]	vierter, -e, -es
	le samedi	[ləsamdi]	Samstag
8	On se revoit quand ?	[ɔ̃səʀ(ə)vwakɑ̃]	Wann sehen wir uns wieder?
	se revoir*	[səʀ(ə)vwaʀ]	sich wieder sehen
8a	cher/chère	[ʃɛʀ]	*hier:* lieber, liebe
	Moi, ça va.	[mwasava]	Es geht mir gut.
	malheureusement	[maløʀøzmɑ̃]	leider
	annuler	[anyle]	absagen
	notre	[nɔtʀ]	unser(e)
	le mercredi	[ləmɛʀkʀədi]	Mittwoch
	prochain/e	[pʀɔʃɛ̃/pʀɔʃɛn]	nächster, nächste, nächstes
	à la mer	[alamɛʀ]	am Meer
	la mer	[lamɛʀ]	Meer
	reporter	[ʀ(ə)pɔʀte]	verschieben
	d'après	[dapʀɛ]	danach
	j'aimerais	[ʒɛmʀɛ]	ich möchte
	revoir*	[ʀ(ə)vwaʀ]	wiedersehen
	Tenez-moi au courant !	[tənemwao kuʀɑ̃]	Haltet mich auf dem Laufenden!
	la bise	[labiz]	Küsschen
8b	correct/e	[kɔʀɛkt]	richtig
	perdre*	[pɛʀdʀ]	verlieren
	les vacances (*f.pl.*)	[levakɑ̃s]	Ferien, Urlaub
	prendre* un rendez-vous	[pʀɑ̃dʀœ ʀɑ̃devu]	einen Termin ausmachen
	fixer un rendez-vous	[fiksœʀɑ̃devu]	einen Termin ausmachen
8c	ce que	[səkə]	das, was
	étrange	[etʀɑ̃ʒ]	seltsam
	emmener	[ɑ̃m(ə)ne]	mitnehmen
	le chien	[ləʃjɛ̃]	Hund
	le salon de toilettage	[ləsalɔ̃d(ə) twaletaʒ]	Hundesalon
9	Qu'est-ce qu'on dit… ?	[kɛskɔ̃di]	Was sagt man …?
	on	[ɔ̃]	*hier:* man
9a	regretter	[ʀ(ə)gʀete]	bedauern, leidtun, bereuen
	exprimer	[ɛkspʀime]	ausdrücken
	le souhait	[ləswɛ]	Wunsch
	commencer	[kɔmɑ̃se]	beginnen
	terminer	[tɛʀmine]	beenden
9b	à vous	[avu]	ihr seid dran/Sie sind dran
	ne… plus	[nəply]	nicht mehr
R	participer	[paʀtisipe]	teilnehmen
	le jeudi	[ləʒødi]	Donnerstag
	marocain/e	[maʀɔkɛ̃/ maʀɔkɛn]	marokkanisch

Leçon 3

E	en voyage	[ɑ̃vwajaʒ]	unterwegs, auf Reisen
	le voyage	[ləvwajaʒ]	Reise
	à quatre	[akatʀ]	zu viert
	le/la client/e	[ləklijɑ̃/laklijɑ̃t]	Kunde(in)
	ces	[se]	diese
	l'hôtel (*m.*)	[lɔtɛl]	Hotel
	le premier d'entre vous	[ləpʀəmje dɑ̃tʀvu]	der erste von euch/ Ihnen
	reprendre*	[ʀ(ə)pʀɑ̃dʀ]	wiederholen
	continuer	[kɔ̃tinɥe]	fortsetzen, weitermachen
	et ainsi de suite	[eɛ̃sid(ə)sɥit]	und so weiter
1	la réception	[laʀesɛpsjɔ̃]	Rezeption
	beau, bel, belle	[bo/bɛl]	schön
1a	la description	[ladɛskʀipsjɔ̃]	Beschreibung
	situé/e	[sitɥe]	gelegen
	au centre-ville	[osɑ̃tʀəvil]	im Stadtzentrum
	le centre-ville	[ləsɑ̃tʀəvil]	Stadtzentrum
	le quartier	[ləkaʀtje]	Viertel
	historique	[istɔʀik]	historisch
	se trouver	[sətʀuve]	sich befinden
	à proximité de	[apʀɔksimite də]	in der Nähe von
	la calanque	[lakalɑ̃k]	Felsbucht
	près de	[pʀɛdə]	in der Nähe von
	l'île (*f.*)	[lil]	Insel
	célèbre	[selɛbʀ]	bekannt
	le château	[ləʃato]	Schloss

le comte	[ləkɔ̃t]	Graf
la chambre	[laʃɑ̃bʀ]	Zimmer
la terrasse	[lateʀas]	Terrasse
la vue	[lavu]	Aussicht
magnifique	[maɲifik]	wunderschön, herrlich
nos	[no]	unsere
la salle de bains	[lasaldəbɛ̃]	Badezimmer
moderne	[mɔdɛʀn]	modern
spacieux/-euse	[spasjø/ spasjøz]	geräumig
la baignoire	[labɛɲwaʀ]	Badewanne
le produit	[ləpʀɔdɥi]	Produkt
la décoration	[ladekɔʀasjɔ̃]	Innenausstattung
design	[dizajn]	*hier:* chic, elegant
l'auberge *(f.)*	[lobɛʀʒ]	Gasthaus, Gasthof
la roche	[laʀɔʃ]	Fels
le luxe	[ləlyks]	Luxus
l'étoile *(f.)*	[letwal]	Stern
la falaise	[lafalɛz]	Felswand, Steilküste
la région	[laʀeʒjɔ̃]	Region
inscrit/e	[ɛ̃skʀi/ɛ̃skʀit]	eingetragen
le patrimoine mondial de l'humanité	[ləpatʀimwan mɔ̃djald(ə) lymanite]	Weltkulturerbe
orienté/e	[ɔʀjɑ̃te]	*hier:* ausgerichtet
le sud	[ləsyd]	Süden
décorer	[dekɔʀe]	dekorieren, schmücken
l'élégance *(f.)*	[lelegɑ̃s]	Eleganz
disposer de	[dispozedə]	verfügen
la salle de fitness	[lasaldəfitnɛs]	Fitnessraum
chauffer	[ʃofe]	erwärmen, erhitzen
le restaurant gastronomique	[ləʀɛstɔʀɑ̃ gastʀɔnɔmik]	Gourmet-restaurant
l'endroit *(m.)*	[lɑ̃dʀwa]	Platz, Ort
idéal/e	[ideal]	ideal
goûter	[gute]	probieren, kosten
découvrir*	[dekuvʀiʀ]	*hier:* besichtigen
à deux pas de	[adøpadə]	einen Katzensprung entfernt von
le pas	[ləpa]	Schritt
le parc des expositions	[ləpaʀkdez ɛkspozisjɔ̃]	Messegelände
le parc	[ləpaʀk]	Park
la Porte de Versailles	[lapɔʀtdə vɛʀsaj]	*Viertel von Paris*
l'accès *(m.)*	[laksɛ]	Zugang

	direct/e	[diʀɛkt]	direkt
	la station de métro	[lastasjɔ̃də metʀo]	U-Bahnhaltestelle
	le métro	[ləmetʀo]	U-Bahn
	le mètre	[ləmetʀ]	Meter
	la station de bus	[lastasjɔ̃dəbys]	Bushaltestelle
	proposer	[pʀɔpoze]	*hier:* anbieten
	confortable	[kɔ̃fɔʀtabl]	bequem, gemütlich, komfortabel
	entièrement	[ɑ̃tjɛʀmɑ̃]	ganz
	rénover	[ʀenɔve]	renovieren
	le style	[ləstil]	Stil
	elles *(f.pl.)*	[ɛl]	sie
	équiper	[ekipe]	ausstatten
	l'air conditionné *(m.)*	[lɛʀkɔ̃disjɔne]	Klimaanlage
	la télévision satellite	[latelevizjɔ̃ satelit]	Satellitenfernsehen
	le Wi-Fi	[ləwifi]	WLAN
	le coffre-fort	[ləkɔfʀ(ə)fɔʀ]	Tresor, Safe
	le parking	[ləpaʀkiŋ]	Parkplatz
1b	la caractéristique	[lakaʀak-teʀistik]	Merkmal, Charakteristikum
	le détail	[lədetaj]	Detail, Merkmal
	important/e	[ɛ̃pɔʀtɑ̃/ ɛ̃pɔʀtɑ̃t]	wichtig
1c	même	[mɛm]	gleicher, -e, -es
	le goût	[ləgu]	Geschmack
	en plein centre-ville	[aplɛnsɑ̃tʀəvil]	mitten im Stadtzentrum
	loin de	[lwɛ̃də]	weit von
	à 200 mètres du métro	[adøsɑ̃mɛtʀ dymetʀo]	200 Meter entfernt von der U-Bahn
2a	placé/e	[plase]	*hier:* angegeben
	la porte	[lapɔʀt]	Tür
	la table de nuit	[latabldənɥi]	Nachttisch, Nachtkästchen
	la boisson	[labwasɔ̃]	Getränk
	la clé	[lakle]	Schlüssel
	l'armoire *(f.)*	[laʀmwaʀ]	Schrank
	le tapis	[lətapi]	Teppich
	le minibar	[ləminibaʀ]	Minibar
	sous	[su]	unter
	la fenêtre	[laf(ə)nɛtʀ]	Fenster
	à côté de	[akotedə]	neben
	en face de	[ɑ̃fasdə]	gegenüber
	sur	[syʀ]	auf

	devant	[dəvɑ̃]	vor
2b	le départ	[lədepaʀ]	Abreise
	derrière	[dɛʀjɛʀ]	hinter
	l'oreiller (*m.*)	[lɔʀeje]	Kissen
3a	la réservation	[laʀezɛʀvasjɔ̃]	Reservierung, Buchung
	la date d'arrivée	[ladatdaʀive]	Ankunftsdatum Anreisedatum
	l'arrivée (*f.*)	[laʀive]	Ankunft
	la date de départ	[ladatdədepaʀ]	Abfahrtsdatum Abreisedatum
	le type	[lətip]	Typ
	la chambre simple	[laʃɑ̃bʀəsɛ̃pl]	Einzelzimmer
	la chambre double	[laʃɑ̃bʀədubl]	Doppelzimmer
	le grand lit	[ləgʀɑ̃li]	Doppelbett
	les lits jumeaux (*m.pl.*)	[leliʒymo]	zwei getrennte Betten
3b	La chambre donne sur le jardin.	[laʃɑ̃bʀdɔn syʀləʒaʀdɛ̃]	Das Zimmer geht zum Garten hinaus.
	donner sur	[dɔnesyʀ]	*hier:* hinausgehen
	le jardin	[ləʒaʀdɛ̃]	Garten
	la cour	[lakuʀ]	Hof
	la rue	[laʀy]	Straße
	le balcon	[ləbalkɔ̃]	Balkon
	l'ascenseur (*m.*)	[lasɑ̃sœʀ]	Aufzug
3c	le/la réceptionniste	[lə/la ʀesɛp-sjɔnist]	Empfangschef(in)
	calme	[kalm]	ruhig
	la pièce d'identité	[lapjɛsdidɑ̃tite]	Ausweis
	voilà	[vwala]	hier
	monter	[mɔ̃te]	*hier:* aufs Zimmer bringen
	le bagage	[ləbagaʒ]	Gepäck
3d	réserver	[ʀezɛʀve]	reservieren, buchen
3e	le formulaire	[ləfɔʀmylɛʀ]	Formular
	les coordonnées (*f.pl.*)	[lekɔɔʀdɔne]	Kontaktdaten
	le prénom	[ləpʀenɔ̃]	Vorname
	le nom	[lənɔ̃]	Familienname
	l'adresse (*f.*)	[ladʀɛs]	Adresse
	la ville	[lavil]	Stadt
	le pays	[ləpei]	Land
	le téléphone fixe	[lətelefɔnfiks]	Festnetznummer
	le (téléphone) portable	[lə(telefɔn) pɔʀtabl]	Mobiltelefon
	l'adulte (*m.*)	[ladylt]	Erwachsener
	le commentaire	[ləkɔmɑ̃tɛʀ]	Kommentar
3f	échanger	[eʃɑ̃ʒe]	tauschen, austauschen
	jouer	[ʒwe]	spielen
	le modèle	[ləmɔdɛl]	Muster, Beispiel
4	le plat	[ləpla]	Gericht
	préféré/e	[pʀefeʀe]	Lieblings-
	aimer bien	[emebjɛ̃]	mögen
	pas du tout	[padytu]	überhaupt nicht
	la feuille	[lafœj]	Blatt
	ne... personne	[nə...pɛʀsɔn]	niemand
	la salade niçoise	[lasaladniswaz]	Nizza-Salat (*Salat mit Tomaten, Paprika, Anchovis, gekochten Eiern, Bohnen, Oliven*)
	la salade	[lasalad]	Salat
	niçois/e	[niswa/niswaz]	aus Nizza
	adorer	[adɔʀe]	sehr gerne mögen, lieben
	la mousse	[lamus]	*hier:* Mousse
	le chocolat	[ləʃɔkɔla]	Schokolade
	l'huître (*f.*)	[lɥitʀ]	Auster
	le cassoulet	[ləkasulɛ]	*Bohneneintopf*
	l'escargot (*m.*)	[leskaʀgo]	Schnecke
	moi si	[mwasi]	ich schon
5	délicieux/-se	[delisjø/delisjøz]	köstlich
5a	savoir*	[savwaʀ]	wissen
5b	la carte	[lakaʀt]	Speisekarte
	chercher	[ʃɛʀʃe]	suchen
	correctement	[kɔʀɛktəmɑ̃]	richtig
5c	remplir	[ʀɑ̃pliʀ]	ausfüllen
	la catégorie	[lakategɔʀi]	Kategorie
	l'entrée (*f.*)	[lɑ̃tʀe]	Vorspeise
	la viande	[lavjɑ̃d]	Fleisch
	le poisson	[ləpwasɔ̃]	Fisch
	le dessert	[lədesɛʀ]	Nachspeise

le poulet basquaise	[ləpulɛbaskɛz]	*Hähnchen mit rohem Schinken, Paprika und Tomaten*
le poulet	[ləpulɛ]	Hähnchen
basquais/e	[baskɛ/baskɛz]	baskisch
l'île flottante (*f.*)	[lilflɔtɑ̃t]	*schwimmende Insel (Eischnee auf Vanillesoße)*
la bouillabaisse	[labujabɛs]	Bouillabaisse *(südfranzösische Fischsuppe)*
le plateau de fruits de mer	[ləplatodə fʀɥid(ə)mɛʀ]	Meeresfrüchteplatte
le plateau	[ləplato]	Platte
le fruit de mer	[ləfʀɥid(ə)mɛʀ]	Meeresfrucht
la salade de chèvre chaud	[lasaladdə ʃɛvʀʃo]	*im Backofen erwärmter Ziegenkäse auf grünem Salat serviert*
la chèvre	[laʃɛvʀ]	Ziege
chaud/e	[ʃo/ʃod]	warm, heiß
le filet de bœuf à la sauce au poivre	[ləfiledəbœf alasoso pwavʀ]	Rinderfilet mit Pfeffersoße
la sauce	[lasos]	Soße
le poivre	[ləpwavʀ]	Pfeffer
la blanquette de veau	[lablɑ̃kɛtdəvo]	Kalbsfleischfrikassee
le veau	[ləvo]	Kalbfleisch
la charlotte aux fraises	[laʃaʀlɔtofʀɛz]	*Dessert aus Löffelbiskuits und Erdbeeren*
la fraise	[lafʀɛz]	Erdbeere
le dos de cabillaud à la provençale	[lədodəkabijo alapʀɔvɑ̃sal]	*Kabeljau mit Tomatensoße, Kräutern, Auberginen, Zucchini, Paprika*
le dos	[lədo]	Rücken
le foie gras de canard	[ləfwagʀadə kanaʀ]	Entenstopfleber
le foie	[ləfwa]	Leber
le canard	[ləkanaʀ]	Ente
la soupe à l'oignon gratinée	[lasupalɔɲɔ̃ gʀatine]	überbackene Zwiebelsuppe
la soupe	[lasup]	Suppe
l'oignon (*m.*)	[lɔɲɔ̃]	Zwiebel
la crème brûlée	[lakʀɛmbʀyle]	Crème Brûlée

	la sole meunière	[lasɔlmønjɛʀ]	Seezunge nach Müllerinart
	l'assiette de saumon fumé (*f.*)	[lasjɛtdə somɔ̃fyme]	Räucherlachsteller
	l'assiette (*f.*)	[lasjɛt]	Teller
	le saumon	[ləsomɔ̃]	Lachs
	fumer	[fyme]	rauchen
5d	désirer	[deziʀe]	*hier:* mögen
	préférer	[pʀefeʀe]	bevorzugen
	végétarien/ne	[veʒetaʀjɛ̃/ veʒetaʀjɛn]	Vegetarier(in)
6a	commander	[kɔmɑ̃de]	bestellen
6b	prendre*	[pʀɑ̃dʀ]	nehmen
	la bouteille	[labutɛj]	Flasche
	l'eau gazeuse (*f.*)	[logazøz]	Wasser mit Kohlensäure
	l'eau plate (*f.*)	[loplat]	stilles Wasser
	l'eau (*f.*)	[lo]	Wasser
	l'apéritif (*m.*)	[lapeʀitif]	Aperitif
	la demi-bouteille	[lad(ə)mibutɛj]	halbe Flasche
	la bouteille de vin	[labutɛjdəvɛ̃]	Flasche Wein
6c	S'il vous plaît !	[silvuplɛ]	Bitte!
	l'addition (*f.*)	[ladisjɔ̃]	Rechnung
	préparé/e	[pʀepaʀe]	*hier:* zubereitet
	l'ail (*m.*)	[laj]	Knoblauch
	servir*	[sɛʀviʀ]	servieren
	nous	[nu]	*hier:* uns
	apporter	[apɔʀte]	bringen
	conseiller	[kɔ̃seje]	empfehlen
6d	à la bonne place	[alabɔnplas]	an die richtige Stelle
	la place	[laplas]	Stelle, Platz
	appeler	[ap(ə)le]	rufen
	le serveur	[ləsɛʀvœʀ]	Kellner
	l'ingrédient (*m.*)	[lɛ̃gʀedjɑ̃]	Zutat
	particulier/-ère	[paʀtikylje/ paʀtikyljɛʀ]	besonderer, -e, -es
	la garniture	[lagaʀnityʀ]	Beilage
	le conseil	[ləkɔ̃sɛj]	Rat
6e	demander des informations	[d(ə)mɑ̃dedez ɛ̃fɔʀmasjɔ̃]	sich erkundigen
	les légumes (*m.pl.*)	[lelegym]	Gemüse

	la ratatouille	[laʀatatuj]	Ratatouille (*Gemüsegericht mit Tomaten, Zucchini, Auberginen, Paprika)*
6f	la scène	[lasɛn]	Szene
7	presque	[pʀɛsk]	fast
	parfait/e	[paʀfɛ/paʀfɛt]	perfekt
	cuisiner	[kɥizine]	kochen
	le menu	[ləmany]	Menü
	le/la meilleur/e	[lə/lamɛjœʀ]	bester, -e, es
	les moules marinières (*f.pl.*)	[lemul maʀinjɛʀ]	*Miesmuscheln in Weinsud mit Kräutern gekocht*
	les frites (*f.pl.*)	[lefʀit]	Pommes frites
R	situer dans l'espace	[sitɥedãlɛspas]	im Raum platzieren
	l'espace (*m.*)	[lɛspas]	Raum
	la valise	[lavaliz]	Koffer

Leçon 4

E	en ville	[ãvil]	in der Stadt
	lui	[lɥi]	*hier:* ihm/ihr
1	la balade	[labalad]	Spaziergang, Bummel
	agréable	[agʀeabl]	angenehm
1a	le site Internet	[ləsitɛ̃tɛʀnɛt]	Webseite
	il s'agit de	[ilsaʒidə]	es geht um
	représenter	[ʀ(ə)pʀezãte]	darstellen
	le jambon	[ləʒãbɔ̃]	Schinken
	la cathédrale	[lakatedʀal]	Kathedrale, Münster
	gothique	[gɔtik]	gotisch
	depuis	[dəpɥi]	seit
	le chemin Saint-Jacques de Compostelle	[ləʃ(ə)mɛ̃sɛ̃ ʒakdə kɔ̃pɔstɛl]	Jakobsweg
	le chemin	[ləʃ(ə)mɛ̃]	Weg
	Ville d'art et d'histoire	[vildaʀe distwaʀ]	*französische Auszeichnung (wörtlich: Stadt der Kunst und der Geschichte)*
	l'art (*m.*)	[laʀ]	Kunst
	l'histoire (*f.*)	[listwaʀ]	Geschichte
	la frontière	[lafʀɔ̃tjɛʀ]	Grenze
	à la rencontre de	[alaʀãkɔ̃tʀdə]	am Zusammenfluß von
	le fleuve	[ləflœv]	Fluß
	le port de commerce	[ləpɔʀdə kɔmɛʀs]	Handelshafen
	la foire	[lafwaʀ]	Jahrmarkt
	la corrida	[lakɔʀida]	Stierkampf
	le marché	[ləmaʀʃe]	Markt
	médiéval/e	[medjeval]	mittelalterlich
	le carnaval	[ləkaʀnaval]	Karneval, Fasching
	avoir* lieu	[avwaʀljø]	stattfinden
	tous les ans	[tulezã]	jedes Jahr
	fameux/-se	[famø/famøz]	bekannt, berühmt
	génial/e	[ʒenjal]	genial
	toute l'année	[tutlane]	das ganze Jahr durch, ganzjährig
	visiter	[vizite]	besichtigen, besuchen
	le musée	[ləmyze]	Museum
	l'histoire naturelle (*f.*)	[listwaʀ natyʀɛl]	Naturgeschichte
	le rempart	[ləʀãpaʀ]	Stadtmauer
	le jardin botanique	[ləʒaʀdɛ̃ bɔtanik]	botanischer Garten
	l'espace naturel (*m.*)	[lɛspasnatyʀɛl]	Naturpark
	l'amoureux/-se	[lamuʀø/ lamuʀøz]	Liebhaber(in)
	la nature	[lanatyʀ]	Natur
	le surf	[ləsœʀf]	Surfen
	profiter de	[pʀɔfitedə]	*hier:* genießen
	l'océan (*m.*)	[lɔseã]	Ozean
	faire* les boutiques	[fɛʀlebutik]	shoppen
	la boutique	[labutik]	Geschäft
	garer	[gaʀe]	parken
	la voiture	[lavwatyʀ]	Auto
	le bus	[ləbys]	Bus
	gratuit/e	[gʀatɥi/ gʀatɥit]	kostenlos, frei
	nombreux/-se	[nɔ̃bʀø/nɔ̃bʀøz]	zahlreich
	la piste cyclable	[lapist(ə) siklabl]	Fahrradweg
1b	le schéma	[ləʃema]	Schema
	l'infrastructure (*f.*)	[lɛ̃fʀastʀyktyʀ]	Infrastruktur
	la culture	[lakyltyʀ]	Kultur
1c	étranger/-ère	[etʀãʒe/ etʀãʒɛʀ]	ausländisch
	sans	[sã]	ohne

	le nord	[lənɔʀ]	Norden
	devenir*	[dəv(ə)niʀ]	werden
	le film	[ləfilm]	Film
	Bienvenue chez les Ch'tis	[bjɛ̃v(ə)nyʃeleʃti]	*Willkommen bei den Sch'tis (Film)*
	Bienvenue !	[bjɛ̃v(ə)ny]	Willkommen!
2	tout droit	[tudʀwa]	geradeaus
2a	former	[fɔʀme]	bilden
	plusieurs	[plyzjœʀ]	mehrere, einige
	la combinaison	[lakɔ̃binɛzɔ̃]	Verbindung, Kombination
	tourner	[tuʀne]	abbiegen
	traverser	[tʀavɛʀse]	überqueren
	arriver	[aʀive]	ankommen
	la place	[laplas]	Platz
	à gauche	[agoʃ]	links
	au bout de la rue	[obud(ə)laʀy]	am Ende der Straße
	au carrefour	[okaʀfuʀ]	an der Kreuzung
	le feu	[ləfø]	*hier:* Ampel
2b	suivre*	[sɥivʀ]	folgen, befolgen
	le plan	[ləplɑ̃]	*hier:* Stadtplan
	l'indication *(f.)*	[lɛ̃dikasjɔ̃]	Hinweis, Auskunft
	le policier	[ləpɔlisje]	Polizist
	la dame	[ladam]	Dame
	sur la droite	[syʀladʀwat]	auf der rechten Seite
	sur la gauche	[syʀlagoʃ]	auf der linken Seite
	au coin	[okwɛ̃]	an der Ecke
3	Comment on dit… ?	[kɔmɑ̃ɔ̃di]	Wie sagt man…? Wie heißt…?
	la situation	[lasitɥasjɔ̃]	Lage
	la pharmacie	[lafaʀmasi]	Apotheke
	près d'ici	[pʀɛdisi]	hier in der Nähe
	Excusez-moi !	[ɛkskyzemwa]	Entschuldigen Sie!, Verzeihen Sie!
	Pardon !	[paʀdɔ̃]	Entschuldigung!
	monsieur	[məsjø]	*hier:* mein Herr
	madame	[madam]	*hier:* meine Dame
	quelque chose	[kɛlk(ə)ʃoz]	etwas
	dans la rue	[dɑ̃laʀy]	auf der Straße
	précis/e	[pʀesi/pʀesiz]	*hier:* bestimmter, -e, es
4	le lieu	[ləljø]	Ort
	comment y aller*	[kɔmɑ̃iale]	wie man dorthin geht
	vice-versa	[visvɛʀsa]	umgekehrt
	le supermarché	[ləsypɛʀmaʀʃe]	Supermarkt
	la gare	[lagaʀ]	Bahnhof
	l'église *(f.)*	[legliz]	Kirche
	l'arrêt de bus *(m.)*	[laʀɛdəbys]	Bushaltestelle
	le kiosque à journaux	[ləkjɔskaʒuʀno]	Zeitungskiosk
	le distributeur de billets	[lədistʀibytœʀdəbijɛ]	Geldautomat
	la poste	[lapɔst]	Post
5	En bonne santé ?	[ɑ̃bɔnsɑ̃te]	Bei guter Gesundheit?
	la santé	[lasɑ̃te]	Gesundheit
	le corps humain	[ləkɔʀymɛ̃]	menschlicher Körper
	le corps	[ləkɔʀ]	Körper
5a	la tête	[latɛt]	Kopf
	le bras	[ləbʀa]	Arm
	la main	[lamɛ̃]	Hand
	la jambe	[laʒɑ̃b]	Bein
	le ventre	[ləvɑ̃tʀ]	Bauch
	le pied	[ləpje]	Fuß
	le genou	[ləʒ(ə)nu]	Knie
5b	la partie du corps	[lapaʀtidykɔʀ]	Körperteil
	la partie	[lapaʀti]	Teil
6	Aïe, j'ai mal !	[ajʒemal]	Aua, ich habe Schmerzen!
6b	Qu'est-ce qui ne va pas ?	[kɛskinəvapa]	Was ist nicht in Ordnung?
	le symptôme	[ləsɛ̃ptom]	Symptom
	avoir* mal aux dents	[avwaʀmalodɑ̃]	Zahnschmerzen haben
	la dent	[ladɑ̃]	Zahn
	avoir* mal à la tête	[avwaʀmalatɛt]	Kopfschmerzen haben
	avoir* mal aux jambes	[avwaʀmaloʒɑ̃b]	die Beine tun weh
	avoir* mal au cœur	[avwaʀmalokœʀ]	übel/schlecht sein
	avoir* mal au dos	[avwaʀmalodo]	Rückenschmerzen haben
	avoir* mal au ventre	[avwaʀmalovɑ̃tʀ]	Bauchweh/Bauchschmerzen haben

	tousser	[tuse]	husten
	avoir* mal à la gorge	[avwaʀmalalagɔʀʒ]	Halsschmerzen haben
	la gorge	[lagɔʀʒ]	Hals
	avoir* mal	[avwaʀmal]	Schmerzen haben
	avoir* un rhume	[avwaʀœ̃ʀym]	erkältet sein, Schnupfen haben
	le rhume	[ləʀym]	Schnupfen
	avoir* de la fièvre	[avwaʀd(ə) lafjɛvʀ]	Fieber haben
	la fièvre	[lafjɛvʀ]	Fieber
	d'après Mathilde	[dapʀɛmatild]	Mathildes Meinung nach
	le problème	[ləpʀɔblɛm]	Problem
	en fait	[ɑ̃fɛt]	eigentlich
	Qu'est-ce qu'il a ?	[kɛskila]	*hier:* Was fehlt ihm?
7	Mais enfin, qu'est-ce que tu as ?	[mɛɑ̃fɛ̃ kɛskətya]	Aber was hast du denn?
	mimer	[mime]	*hier:* nachahmen
	celui/celle	[səlɥi/sɛl]	der-, die-, dasjenige
	exact/e	[ɛgzakt]	richtig
	gagner	[gaɲe]	gewinnen
	oui	[wi]	ja
8a	la goutte	[lagut]	Tropfen
	la pommade	[lapɔmad]	Salbe
	le comprimé	[ləkɔ̃pʀime]	Tablette
	le sirop	[ləsiʀo]	(Husten-)Saft
	le pansement	[ləpɑ̃smɑ̃]	Pflaster
8b	le/la pharmacien/ne	[ləfaʀmasjɛ̃/ lafaʀmasjɛn]	Apotheker(in)
	le numéro	[lənymeʀo]	Nummer
	Attention !	[atɑ̃sjɔ̃]	Vorsicht!
	être* en désordre	[ɛtʀɑ̃dezɔʀdʀ]	durcheinander sein, nicht in der richtigen Reihenfolge sein
	le désordre	[lədezɔʀdʀ]	Unordnung
	l'avion (*m.*)	[lavjɔ̃]	Flugzeug
	le repas	[ləʀ(ə)pa]	Mahlzeit
	par jour	[paʀʒuʀ]	pro Tag
	mettre*	[mɛtʀ]	*hier:* einreiben, auftragen
	encore	[ɑ̃kɔʀ]	(immer) noch
	il faut	[ilfo]	*hier:* Sie müssen
	la cuillère à soupe	[lakɥijɛʀasup]	Suppenlöffel

	toutes les six heures	[tutlesizœʀ]	alle sechs Stunden
8c	l'un… l'autre	[lœ̃lotʀ]	der eine … der andere
9	la météo	[lameteo]	Wetterbericht
9a	Quel temps fait-il ?	[kɛltɑ̃fɛtil]	Wie ist das Wetter?
	le temps	[lətɑ̃]	Wetter
	Il y a du soleil.	[iljadysɔlɛj]	Es ist sonnig.
	le soleil	[ləsɔlɛj]	Sonne
	Il fait beau.	[ilfɛbo]	Es ist schönes Wetter.
	l'orage (*m.*)	[lɔʀaʒ]	Gewitter
	Il pleut.	[ilplø]	Es regnet.
	Il neige.	[ilnɛʒ]	Es schneit.
	le vent	[ləvɑ̃]	Wind
	le brouillard	[ləbʀujaʀ]	Nebel
	Il fait chaud.	[ilfɛʃo]	Es ist heiß.
	le nuage	[lənɥaʒ]	Wolke
	Il fait froid.	[ilfɛfʀwa]	Es ist kalt.
	froid/e	[fʀwa/fʀwad]	kalt
9b	le symbole	[ləsɛ̃bɔl]	Symbol
	le degré	[lədəgʀe]	Grad
10	l'architecture (*f.*)	[laʀʃitɛktyʀ]	Architektur
	le climat	[ləklima]	Klima
	voter	[vɔte]	wählen, abstimmen
R	le musée des Beaux-Arts	[ləmyzede bozaʀ]	Museum der Schönen Künste

Leçon 5

E	les achats (*m.pl.*)	[lezaʃa]	Einkäufe, Besorgungen
1	le marchand de fruits et légumes	[ləmaʀʃɑ̃də fʀɥielegym]	Obst- und Gemüsehändler
	les fruits (*m.pl.*)	[lefʀɥi]	Obst, Früchte
1b	acheter	[aʃ(ə)te]	kaufen
	la quantité	[lakɑ̃tite]	Menge
	le lait	[ləlɛ]	Milch
	le jambon blanc	[ləʒɑ̃bɔ̃blɑ̃]	Kochschinken
	la lessive	[lalesiv]	Waschpulver
	l'abricot (*m.*)	[labʀiko]	Aprikose

	la tarte aux pommes	[lataʀtopɔm]	Apfelkuchen
	la pomme	[lapɔm]	Apfel
	le camembert	[ləkamɑ̃bɛʀ]	Camembert *(Käsesorte)*
	la yaourt nature	[ləˈjauʀtnatyʀ]	Naturjogurt
	le pain	[ləpɛ̃]	Brot
	le céleri	[ləsɛlʀi]	Sellerie
	le champignon	[ləʃɑ̃piɲɔ̃]	Champignon
	la tomate	[latɔmat]	Tomate
	le dentifrice	[lədɑ̃tifʀis]	Zahnpasta
	la viande hachée	[lavjɑ̃dˈaʃe]	Hackfleisch
	le kilo	[ləkilo]	Kilo
	la livre	[lalivʀ]	Pfund
	le gramme	[ləgʀam]	Gramm
	le litre	[ləlitʀ]	Liter
	le demi-litre	[ləd(ə)militʀ]	halber Liter
1c	le magasin	[ləmagazɛ̃]	Geschäft
	la boucherie charcuterie	[labuʃʀi ʃaʀkytʀi]	Metzgerei, Fleisch- und Wurstwarengeschäft
	la poissonnerie	[lapwasɔnʀi]	Fischgeschäft
	la crèmerie fromagerie	[lakʀɛmʀi fʀɔmaʒʀi]	Milch- und Käsegeschäft
	la boulangerie pâtisserie	[labulɑ̃ʒʀi patisʀi]	Bäckerei-Konditorei
	la pâtisserie	[lapatisʀi]	Konditorei
2	l'aliment *(m.)*	[lalimɑ̃]	Lebensmittel, Nahrung
	rouge	[ʀuʒ]	rot
	la cerise	[las(ə)ʀiz]	Kirsche
	C'est ça !	[sɛsa]	Richtig!, Genau!
	jaune	[ʒon]	gelb
	orange	[ɔʀɑ̃ʒ]	orange
3	aujourd'hui	[oʒuʀdɥi]	heute
3a	Et avec ça ?	[eavɛksa]	Darf's noch etwas sein?
	Autre chose ?	[otʀ(ə)ʃoz]	Darf's noch etwas sein?
	mûr/e	[myʀ]	reif
	Comme ça ?	[kɔmsa]	So?
	C'est tout.	[sɛtu]	Das ist alles.
	Ça fait combien ?	[safɛkɔ̃bjɛ̃]	Wieviel macht das?
	farcir	[faʀsiʀ]	füllen
	bien	[bjɛ̃]	*hier:* schön

	ferme	[fɛʀm]	fest
	Et avec ceci ?	[eavɛksəsi]	Darf's noch etwas sein?, Sonst noch etwas?
	(très) bien	[(trɛ)bjɛ̃]	(sehr) gut
	combien ?	[kɔ̃bjɛ̃]	wie viel?
	juteux/-se	[ʒytø/ʒytøz]	saftig
4a	à table	[atabl]	am Tisch
	les crudités *(f.pl.)*	[lekʀydite]	Rohkost
	le coq au vin	[ləkɔkovɛ̃]	Hähnchen in Rotweinsauce
	le coq	[ləkɔk]	Hahn
	la pomme de terre	[lapɔmdətɛʀ]	Kartoffel
	la tarte aux fraises	[lataʀtofʀɛz]	Erdbeerkuchen
4c	généralement	[ʒeneʀalmɑ̃]	generell, im Allgemeinen
	frais/fraîche	[fʀɛ/fʀɛʃ]	frisch
5	le/la Français/e	[ləfʀɑ̃sɛ/ lafʀɑ̃sɛz]	Franzose, Französin
5a	vrai/e	[vʀɛ]	richtig, wahr
	faux/fausse	[fo/fos]	falsch
	l'affirmation *(f.)*	[lafiʀmasjɔ̃]	Aussage, Behauptung
	l'exercice *(m.)*	[legzɛʀsis]	Übung
	voici	[vwasi]	hier sind
	principal/e	[pʀɛ̃sipal]	Haupt-
	le café	[ləkafe]	Kaffee
	le thé	[ləte]	Tee
	le bol	[ləbɔl]	Schale
	la tartine	[lataʀtin]	Butterbrot, Toast
	le beurre	[ləbœʀ]	Butter
	la confiture	[lakɔ̃fityʀ]	Konfitüre, Marmelade
	le dimanche	[lədimɑ̃ʃ]	sonntags
	le croissant	[ləkʀwasɑ̃]	Croissant, Hörnchen
	le pain au chocolat	[ləpɛ̃oʃɔkɔla]	Schokocroissant
	le porc	[ləpɔʀ]	Schweinefleisch
	les pâtes	[lepat]	Pasta, Nudeln
	le riz	[ləʀi]	Reis
	les légumes verts *(m.pl.)*	[lelegymvɛʀ]	grünes Gemüse
	la France	[lafʀɑ̃s]	Frankreich
	consommateur/-trice	[kɔ̃sɔmatœʀ/ kɔ̃sɔmatʀis]	Konsum-

	l'Europe (*f.*)	[løʀɔp]	Europa
	l'Espagne (*f.*)	[lɛspaɲ]	Spanien
	la quiche	[lakiʃ]	Quiche
	le gratin	[ləgʀatɛ̃]	Auflauf
	en général	[ɑ̃ʒeneʀal]	normalerweise, in der Regel
	le fromage	[ləfʀɔmaʒ]	Käse
	midi et soir	[midieswaʀ]	mittags und abends
	la baguette	[labagɛt]	Baguette
	accompagner	[akɔ̃paɲe]	dabei sein, begleiten
	tous les repas	[tuleʀ(ə)pa]	jede Malhzeit
	la bière	[labjɛʀ]	Bier
	Eurostat	[øʀɔstat]	*europäisches Statistikamt*
	l'Allemand/e (*m./f.*)	[lalmɑ̃/lalmɑ̃d]	Deutscher, Deutsche
	seulement	[sœlmɑ̃]	nur
	les céréales (*f.pl.*)	[leseʀeal]	Müsli
	tous les matins	[tulematɛ̃]	jeden Morgen
	le midi	[ləmidi]	mittags
	environ	[ɑ̃viʀɔ̃]	circa
	quand	[kɑ̃]	*hier:* während
5b	propre	[pʀɔpʀ]	eigen
	l'habitude (*f.*) alimentaire	[labityd alimɑ̃tɛʀ]	Essgewohnheit
6	faire* les magasins	[fɛʀlemagazɛ̃]	shoppen gehen
	le grand magasin	[ləgʀɑ̃magazɛ̃]	Kaufhaus
6a	le rayon	[ləʀɛjɔ̃]	Abteilung
	la beauté	[labote]	Schönheit, *hier:* Parfümerie, Drogerie
	la lingerie	[lalɛ̃ʒʀi]	Unterwäsche
	le vêtement	[ləvɛtmɑ̃]	Kleidungsstück
	la chaussure	[laʃosyʀ]	Schuh
6c	l'accessoire (*m.*)	[laksɛswaʀ]	Accessoire
	la couleur	[lakulœʀ]	Farbe
	le pantalon	[ləpɑ̃talɔ̃]	Hose
	blanc/blanche	[blɑ̃/blɑ̃ʃ]	weiß
	la chemise	[laʃ(ə)miz]	Hemd
	en	[ɑ̃]	aus (+ *Material*)
	le coton	[ləkɔtɔ̃]	Baumwolle
	le talon	[lətalɔ̃]	Absatz
	haut/e	['o/'ot]	hoch
	la ceinture	[lasɛ̃tyʀ]	Gürtel

	le cuir	[ləkɥiʀ]	Leder
	le pull à col roulé	[ləpylakɔlʀule]	Rollkragenpulli
	le pull	[ləpyl]	Pullover
	la laine	[lalɛn]	Wolle
	à rayures	[aʀɛjyʀ]	gestreift
	la robe	[laʀɔb]	Kleid
	imprimé/e	[ɛ̃pʀime]	*hier:* bedruckter Stoff
	la soie	[laswa]	Seide
	la doudoune	[ladudun]	Daunenmantel, -jacke
	imperméable	[ɛ̃pɛʀmeabl]	wasserabweisend, wasserdicht
	la plume d'oie	[laplymdwa]	Gänsedaune
	la jupe	[laʒyp]	Rock
	à carreaux	[akaʀo]	kariert
	le sac (à main)	[ləsak(amɛ̃)]	(Hand-)Tasche
7	faire* la valise	[fɛʀlavaliz]	(Koffer) packen
7a	la destination	[ladɛstinasjɔ̃]	*hier:* Urlaubsziel
	emporter	[ɑ̃pɔʀte]	mitnehmen
	le maillot de bain	[ləmajodəbɛ̃]	Badeanzug
7b	mettre* dans la valise	[mɛtʀdɑ̃lavaliz]	(in den Koffer) packen
8	même... que	[mɛmkə]	gleicher, -e, -es ... wie
	faire* du shopping	[fɛʀdyʃɔpiŋ]	shoppen
	le magasin d'usine	[ləmagazɛ̃ dyzin]	Fabrikverkauf
	combien de fois ?	[kɔ̃bjɛ̃dəfwa]	wie oft?
	par an	[paʀɑ̃]	im Jahr, pro Jahr
	plus de...	[plydə]	mehr als ...
	entre	[ɑ̃tʀ]	zwischen
	moins de...	[mwɛ̃də]	weniger als ...
	la marque	[lamaʀk]	Marke
	la qualité	[lakalite]	Qualität
	le prix	[ləpʀi]	Preis
	seul/e	[sœl]	allein
9	la garde-robe	[lagaʀdəʀɔb]	Garderobe (*Bekleidung*)
9b	voir*	[vwaʀ]	sehen
	la vitrine	[lavitʀin]	Schaufenster
	essayer	[eseje]	*hier:* anprobieren

	faire* du... (comme taille)	[fɛʀdy(kɔmtaj)]	Größe ... haben
	la taille	[lataj]	Größe
	coûter	[kute]	kosten
9c	le/la vendeur/-se	[ləvɑ̃dœʀ/ lavɑ̃døz]	Verkäufer(in)
	la pointure	[lapwɛ̃tyʀ]	Schuhgröße
	plaire*	[plɛʀ]	gefallen
	le gant	[ləgɑ̃]	Handschuh
9d	utile	[ytil]	nützlich
10	Quelle chance !	[kɛlʃɑ̃s]	Was für ein Glück!
	la chance	[laʃɑ̃s]	Glück
	lors de	[lɔʀdə]	bei
	le tirage au sort	[lətiʀaʒosɔʀ]	Verlosung, Auslosung
	le chèque-cadeau	[ləʃɛkkado]	Gutschein
	l'euro (*m.*)	[løʀɔ]	Euro
	dépenser	[depɑ̃se]	ausgeben
	le jeu de rôle	[ləʒødəʀol]	Rollenspiel
	changer	[ʃɑ̃ʒe]	wechseln, tauschen
	le rôle	[ləʀol]	Rolle
R	la bulle	[labyl]	*hier:* Sprechblase
	bien sûr	[bjɛ̃syʀ]	selbstverständlich, natürlich
	la cabine d'essayage	[lakabin desɛjaʒ]	Umkleidekabine
	Il vous va comment ?	[ilvuvakɔmɑ̃]	Wie passt er Ihnen?

Leçon 6

E	en vacances	[ɑ̃vakɑ̃s]	im Urlaub
1a	le centre historique	[ləsɑ̃tʀistɔʀik]	Altstadt
	l'excursion (*f.*)	[lɛkskyʀsjɔ̃]	Ausflug
	prendre* un bain de soleil	[pʀɑ̃dʀ œ̃bɛ̃dəsɔlɛj]	sich sonnen
	skier	[skje]	Ski fahren
	se baigner	[səbeɲe]	baden
	nager	[naʒe]	schwimmen
	faire* de la randonnée	[fɛʀdəla ʀɑ̃dɔne]	wandern
	la randonnée	[laʀɑ̃dɔne]	Wanderung
	faire* de la planche à voile	[fɛʀdəla plɑ̃ʃavwal]	windsurfen
	la planche à voile	[laplɑ̃ʃavwal]	Windsurfen; Surfbrett
	faire* des balades à vélo	[fɛʀdebalada velo]	Radtouren machen
	à vélo	[avelo]	mit dem Fahrrad
	faire* de la plongée libre	[fɛʀdəla plɔ̃ʒelibʀ]	schnorcheln
	la plongée libre	[laplɔ̃ʒelibʀ]	Schnorcheln
	la visite guidée	[lavizitgide]	Führung
	à la montagne	[alamɔ̃taɲ]	in den Bergen
	la ville historique	[lavilistɔʀik]	historische Stadt
1b	aimer faire	[emefɛʀ]	gern machen
	discuter	[diskyte]	miteinander reden, sich unterhalten, diskutieren
2	partir* en vacances	[paʀtiʀɑ̃vakɑ̃s]	in den Urlaub fahren
	partir*	[paʀtiʀ]	(weg)gehen, (weg)fahren
2a	combien de temps ?	[kɔ̃bjɛ̃dətɑ̃]	wie lange?
	attendre*	[atɑ̃dʀ]	warten
2b	fin (juin)	[fɛ̃(ʒɥɛ̃)]	Ende (Juni)
	début (juillet)	[deby(ʒɥijɛ)]	Anfang (Juli)
3a	partir* le...	[paʀtiʀlə]	am ... (weg)fahren
	rentrer le...	[ʀɑ̃tʀelə]	am ... zurückfahren, am ... zurückkommen
	au bord d'un lac	[obɔʀdœ̃lak]	am See
	le lac	[ləlak]	(der) See
	faire* du sport	[fɛʀdyspɔʀ]	Sport treiben
4	merveilleux/-se	[mɛʀvɛjø/ mɛʀvɛjøz]	wunderschön
4a	il y a	[ilja]	*hier:* vor
	l'année dernière	[lanedɛʀnjɛʀ]	letztes Jahr
	l'an dernier	[lɑ̃dɛʀnje]	letztes Jahr
	dernier/-ère	[dɛʀnje/ dɛʀnjɛʀ]	letzter, -e, -es, vergangener, -e, -es
	l'Allemagne (*f.*)	[lalmaɲ]	Deutschland
	super	[sypɛʀ]	super
	Blanche-Neige	[blɑ̃ʃnɛʒ]	Schneewittchen
	la Forêt-Noire	[lafɔʀɛnwaʀ]	Schwarzwald

	le tourisme rural	[lətuʀismʀyʀal]	Agrotourismus *(Urlaub auf dem Bauernhof)*
	l'Ardèche *(f.)*	[laʀdɛʃ]	*Region Frankreichs*
	le gîte	[ləʒit]	*Ferienunterkunft auf dem Land*
	rien de spécial	[ʀjɛ̃d(ə)spesjal]	nichts besonderes
	relaxant/e	[ʀəlaksɑ̃/ ʀəlaksɑ̃t]	entspannend
	la Corse	[lakɔʀs]	Korsika
	appeler	[ap(ə)le]	nennen
	la plage	[laplaʒ]	Strand
	turquoise	[tyʀkwaz]	türkis
	la nourriture	[lanuʀityʀ]	Essen
	le rêve	[ləʀɛv]	Traum
5a	le thème	[lətɛm]	Thema
5c	le succès	[ləsyksɛ]	Erfolg
6	louer	[lue]	*hier:* mieten
	l'appartement *(m.)*	[lapaʀtəmɑ̃]	Wohnung
	la location de vacances	[lalɔkasjɔ̃də vakɑ̃s]	Ferienwohnung, Ferienhaus
6a	le plan	[ləplɑ̃]	*hier:* Wohnungsgrundriss
	la pièce	[lapjɛs]	Zimmer
	l'entrée *(f.)*	[lɑ̃tʀe]	Eingang
	le salon	[ləsalɔ̃]	Wohnzimmer
	la cuisine	[lakɥizin]	Küche
6b	le meuble	[ləmœbl]	Möbelstück
	l'appareil électroménager *(m.)*	[lapaʀɛj elɛktʀo-menaʒe]	Haushaltsgerät
	exactement	[ɛgzaktəmɑ̃]	genau
	le lave-linge	[ləlavlɛ̃ʒ]	Waschmaschine
	le fauteuil	[ləfotœj]	Sessel
	le réfrigérateur	[ləʀefʀiʒe-ʀatœʀ]	Kühlschrank
	la chaise	[laʃɛz]	Stuhl
	le lave-vaisselle	[ləlavvɛsɛl]	Spülmaschine
	le miroir	[ləmiʀwaʀ]	Spiegel
	la cafetière	[lakaftjɛʀ]	Kaffeemaschine
7b	l'argent *(m.)*	[laʀʒɑ̃]	Geld
	s'habiller	[sabije]	sich anziehen
	chic	[ʃik]	schick
	se détendre*	[sədetɑ̃dʀ]	sich entspannen
8	tous	[tus]	alle, jeder
8a	l'annonce immobilière *(f.)*	[lanɔ̃simɔbiljɛʀ]	Immobilienanzeige
	l'annonce *(f.)*	[lanɔ̃s]	Anzeige
	le studio	[ləstydjo]	Einzimmerwohnung
	le deux-pièces	[lədøpjɛs]	Zweizimmerwohnung
	le trois-pièces	[lətʀwapjɛs]	Dreizimmerwohnung
	équipé/e	[ekipe]	eingerichtet
	le lit double	[ləlidubl]	Doppelbett
	le lit simple	[ləlisɛ̃pl]	Einzelbett
	le parking privé	[ləpaʀkiŋpʀive]	Privatparkplatz
	la laverie	[lalavʀi]	Waschküche
	payant/e	[pɛjɑ̃/pɛjɑ̃t]	kostenpflichtig
	le séjour	[ləseʒuʀ]	Wohnzimmer
	séparé/e	[sepaʀe]	getrennt
	la place de parking	[laplasdə paʀkiŋ]	Stellplatz
	le ménage de départ	[ləmenaʒdə depaʀ]	Endreinigung
	compris	[kɔ̃pʀi]	inbegriffen
	le rez-de-chaussée	[ləʀed(ə)ʃose]	Erdgeschoss
	le canapé-lit	[ləkanapeli]	Bettcouch, Schlafsofa
	la kitchenette	[lakitʃənɛt]	Kochnische
	sur demande	[syʀd(ə)mɑ̃d]	auf Wunsch
8b	l'équipement *(m.)*	[lekipmɑ̃]	Austattung, Einrichtung
9a	l'aventure *(f.)*	[lavɑ̃tyʀ]	Abenteuer
	le camping	[ləkɑ̃piŋ]	Campingplatz
	le voyage organisé	[ləvwajaʒ ɔʀganize]	Gruppenreise
9b	déjà	[deʒa]	schon
	essayer	[eseje]	ausprobieren
9c	décider	[deside]	entscheiden
R	dessiner	[desine]	zeichnen

Alphabetischer Wortschatz

A

à 1 1b 2 1a	in; um
à 200 mètres du métro 3 1c	200 Meter entfernt von der U-Bahn
à carreaux 5 6c	kariert
à cinq heures et quart 2 2	um Viertel nach fünf
à côté de 3 2a	neben
à deux 1 1a	zu zweit, paarweise
à deux pas de 3 1a	einen Katzensprung entfernt von
à droite 2 2	rechts
à gauche 4 2a	links
à huit heures 2 1d	um acht Uhr
à l'aide de 1 8a	mit Hilfe von
à la bonne place 3 6d	an die richtige Stelle
à la fin 1 3	am Ende, zum Schluss
à la mer 2 8a	am Meer
à la montagne 6 1a	in den Bergen
à la rencontre de 4 1a	am Zusammenfluß von
à midi 2 1b	um zwölf Uhr mittags, mittags
à minuit 2 2	um Mitternacht
à onze heures moins le quart 2 2	um viertel vor elf
à partir de 2 1a	ab
à proximité de 3 1a	in der Nähe von
à quatre 3 E	zu viert
À quelle heure ? 2 2	Um wie viel Uhr?
à qui 1 8a	wem
à rayures 5 6c	gestreift
à sept heures (du matin/du soir) 2 2	um sieben Uhr (morgens/abends)
à table 5 4a	am Tisch
à trois 1 1b	zu dritt
à vélo 6 1a	mit dem Fahrrad
à vous 2 9b	ihr seid dran/Sie sind dran
abricot *(m.)* 5 1b	Aprikose
accepter 2 6d	annehmen
accès *(m.)* 3 1a	Zugang
accessoire *(m.)* 5 6c	Accessoire
accompagner 2 1a 5 5a	bringen; dabei sein, begleiten
achats *(m.pl.)* 5 E	Einkäufe, Besorgungen
acheter 5 1b	kaufen
activité *(f.)* 2 1b	Aktivität
addition *(f.)* 3 6c	Rechnung
adjectif *(m.)* 1 1a	Adjektiv
adjectif *(m.)* possessif 1 8b	Possessivbegleiter
adorer 3 4	sehr gerne mögen, lieben
adresse *(f.)* 3 3e	Adresse
adulte *(m.)* 3 3e	Erwachsener
affirmation *(f.)* 5 5a	Aussage, Behauptung
âge *(m.)* 1 2b	Alter
agenda *(m.)* 2 6a	Kalender
agent du fisc *(m. + f.)* 1 4a	Finanzbeamte(r)
agréable 4 1	angenehm
aide *(f.)* 1 8a	Hilfe
Aïe, j'ai mal ! 4 6	Aua, ich habe Schmerzen!
ail *(m.)* 3 6c	Knoblauch
aimer bien 3 4	mögen
aimer faire 6 1b	gern machen
air *(m.)* conditionné 3 1a	Klimaanlage
ajouter 2 1c	hinzufügen
Ajoutez-en d'autres. 2 7a	Fügen Sie andere hinzu.
aliment *(m.)* 5 2	Lebensmittel, Nahrung
Allemagne *(f.)* 6 4a	Deutschland
Allemand/e *(m./f.)* 5 5a	Deutscher, Deutsche
aller* 2 1a	gehen, fahren
aller* au lit 2 2	zu Bett gehen
allumer 2 1a	anschalten
alors 2 1a	also

ami (*m.*) 1 5	Freund
ami/e (*m./f.*) d'enfance 1 8a	Sandkastenfreund(in), Freund(in) aus der Kindheit
amie (*f.*) 1 5	Freundin
amoureux/-se 4 1a	Liebhaber(in)
l'an dernier 6 4a	letztes Jahr
analyser 1 4a	analysieren
Angleterre (*f.*) 1 3	England
année (*f.*) 1 4a	Jahr
l'année dernière 6 4a	letztes Jahr
anniversaire (*m.*) 1 8a	Geburtstag
annonce (*f.*) 6 8a	Anzeige
annonce (*f.*) immobilière 6 8a	Immobilienanzeige
annuler 2 8a	absagen
antipathique 1 9	unsympathisch
août (*m.*) 1 4a	August
apéritif (*m.*) 3 6b	Aperitif
appareil (*m.*) électroménager 6 6b	Haushaltsgerät
appartement (*m.*) 6 6	Wohnung
appeler 3 6d 6 4a	rufen; nennen
apporter 3 6c	bringen
après 2 1a	(da)nach
après-midi (*m. oder f.*) 2 1b	Nachmittag
arbre (*m.*) généalogique 1 7	Stammbaum
architecture (*f.*) 4 10	Architektur
Ardèche (*f.*) 6 4a	*Region Frankreichs*
argent (*m.*) 6 7b	Geld
armoire (*f.*) 3 2a	Schrank
arrêt (*m.*) de bus 4 4	Bushaltestelle
arrivée (*f.*) 3 3a	Ankunft
arriver 4 2a	ankommen
art (*m.*) 4 1a	Kunst
article (*m.*) 1 4a	Artikel
artiste (*m. + f.*) 1 4a	Künstler(in)
ascenseur (*m.*) 3 3b	Aufzug
Ascension (*f.*) 2 6b	Christi Himmelfahrt
assiette (*f.*) 3 5c	Teller
assiette (*f.*) de saumon fumé 3 5c	Räucherlachsteller
athlète (*m. + f.*) 1 4a	Athlet(in)
attendre* 6 2a	warten
Attention ! 4 8b	Vorsicht!
attentivement 1 6b	genau, aufmerksam
au (*a+le*) 1 3	in
au bord d'un lac 6 3a	am See
au bout de la rue 4 2a	am Ende der Straße
au carrefour 4 2a	an der Kreuzung
au centre-ville 3 1a	im Stadtzentrum
au coin 4 2b	an der Ecke
au moins 2 2	mindestens
au sujet de 1 8a	über
au téléphone 2 6	am Telefon
auberge (*f.*) 3 1a	Gasthaus, Gasthof
aujourd'hui 5 3	heute
aussi 1 8a	auch
automne (*m.*) 2 5	Herbst
autre 1 4c	anderer, -e, -es
Autre chose ? 5 3a	Darf's noch etwas sein?
avant 2 4b	vor
avant de (+ *Infinitiv*) 2 1a	bevor
avec 1 1a	mit
aventure (*f.*) 6 9a	Abenteuer
avion (*m.*) 4 8b	Flugzeug
avoir* 1 1a	haben
avoir* de la fièvre 4 6b	Fieber haben
avoir* des choses en commun 1 3	etwas gemeinsam haben
avoir* envie de 2 6c	Lust haben auf/zu
avoir* lieu 4 1a	stattfinden
avoir* mal 4 6b	Schmerzen haben
avoir* mal à la gorge 4 6b	Halsschmerzen haben
avoir* mal à la tête 4 6b	Kopfschmerzen haben
avoir* mal au cœur 4 6b	übel/schlecht sein
avoir* mal au dos 4 6b	Rückenschmerzen haben
avoir* mal au ventre 4 6b	Bauchweh/Bauchschmerzen haben
avoir* mal aux dents 4 6b	Zahnschmerzen haben

avoir* mal aux jambes 4 6b — die Beine tun weh
avoir* un rhume 4 6b — erkältet sein, Schnupfen haben
avril (m.) 1 4a — April

B

bagage (m.) 3 3c — Gepäck
baguette (f.) 5 5a — Baguette
baignoire (f.) 3 1a — Badewanne
balade (f.) 4 1 — Spaziergang, Bummel
balcon (m.) 3 3b — Balkon
barbe (f.) 1 6a — Bart
basilique (f.) 1 1b — Basilika
basquais/e 3 5c — baskisch
beau, bel, belle 3 1 — schön
beaucoup (de) 1 4a — viel(e)
beauté (f.) 5 6a — Schönheit, Parfümerie, Drogerie
bébé (m.) 1 4a — Baby
belge 1 1a — belgisch
belle-mère (f.) 1 5b — Schwiegermutter
beurre (m.) 5 5a — Butter
bien 5 3a — gut, schön
bien sûr 5 R — selbstverständlich, natürlich
Bienvenue ! 4 1c — Willkommen!
bière (f.) 5 5a — Bier
bise (f.) 2 8a — Küsschen
bisou (m.) 1 8a — Küsschen
blanc/blanche 5 6c — weiß
Blanche-Neige (f.) 6 4a — Schneewittchen
blanquette (f.) de veau 3 5c — Kalbsfleischfrikassee
bleu/e 1 6a — blau
blond/e 1 6a — blond
bœuf (m.) 1 7 — Rind, Rindfleisch
boire* 2 4b — trinken
boisson (f.) 3 2a — Getränk
bol (m.) 5 5a — Schale
bon 1 8a — also
Bon, d'accord. 2 6c — Gut, einverstanden.
bon/ne 1 6b — gut
Bonjour 1 8a — Guten Tag!
boucherie charcuterie (f.) 5 1c — Metzgerei, Fleisch- und Wurstwarengeschäft
bouillabaisse (f.) 3 5c — Bouillabaisse *(südfranzösische Fischsuppe)*
boulangerie pâtisserie (f.) 5 1c — Bäckerei-Konditorei
bouteille (f.) 3 6b — Flasche
bouteille (f.) de vin 3 6b — Flasche Wein
boutique (f.) 4 1a — Geschäft
bras (m.) 4 5a — Arm
brouillard (m.) 4 9a — Nebel
brun/e 1 6a — braun
bulle (f.) 5 R — Sprechblase
bureau (m.) 1 8a — Büro
bus (m.) 4 1a — Bus

C

c'est 1 1b — das ist
c'est sûr 1 8a — das ist sicher
C'est tout. 5 3a — Das ist alles.
ça 2 1a — das
Ça fait combien ? 5 3a — Wieviel macht das?
Ça te dit… ? 2 6c — Was hältst du davon …?
cabine (f.) d'essayage 5 R — Umkleidekabine
café (m.) 2 1a 5 5a — Café; Kaffee
cafetière (f.) 6 6b — Kaffeemaschine
calanque (f.) 3 1a — Felsbucht
calme 3 3c — ruhig
camarade (m. + f.) de classe 2 2 — Klassenkamerad(in)
camembert (m.) 5 1b — Camembert *(Käsesorte)*
camping (m.) 6 9a — Campingplatz
canapé-lit (m.) 6 8a — Bettcouch, Schlafsofa
canard (m.) 3 5c — Ente
cantine (f.) 2 1a — Kantine, Mensa
caractère (m.) 1 9 — Charakter
caractéristique 3 1b — Merkmal, Charakteristikum

carnaval (*m.*) 4 1a	Karneval, Fasching
carrière (*f.*) 1 4a	beruflicher Werdegang, Karriere
carte (*f.*) 1 1a 3 5b	Karte; Speisekarte
carte (*f.*) du monde 1 1a	Weltkarte
cassoulet (*m.*) 3 4	Bohneneintopf
catégorie (*f.*) 3 5c	Kategorie
cathédrale (*f.*) 4 1a	Kathedrale, Münster
ce (cet), cette, ces 1 8a	dieser, -e, -es
ce que 2 8c	das, was
ceinture (*f.*) 5 6c	Gürtel
célèbre 3 1a	bekannt
céleri (*m.*) 5 1b	Sellerie
célibataire 1 10	ledig
celui/celle 4 7	der-, die-, dasjenige
centre historique 6 1a	Altstadt
centre-ville (*m.*) 3 1a	Stadtzentrum
céréales (*f.pl.*) 5 5a	Müsli
cerise (*f.*) 5 2	Kirsche
certains 1 8a	manche, einige
ces 3 E	diese
chacun son tour 2 1d	abwechselnd
chacun/e 2 1a	jede(r)
chaise (*f.*) 6 6b	Stuhl
chambre (*f.*) 3 1a	Zimmer
chambre (*f.*) double 3 3a	Doppelzimmer
chambre (*f.*) simple 3 3a	Einzelzimmer
champignon (*m.*) 5 1b	Champignon
chance (*f.*) 1 4a 5 10	Chance, Wahrscheinlichkeit; Glück
changer 5 10	wechseln, tauschen
chaque 1 10	jeder, -e, -es
charlotte (*f.*) aux fraises 3 5c	*Dessert aus Löffelbiskuits und Erdbeeren*
châtain 1 6a	kastanienbraun
château (*m.*) 3 1a	Schloss
chaud/e 3 5c	warm, heiß
chauffer 3 1a	erwärmen, erhitzen
chaussure (*f.*) 5 6a	Schuh
chauve 1 6a	kahl, glatzköpfig
chemin (*m.*) 4 1a	Weg
chemin (*m.*) Saint-Jacques de Compostelle 4 1a	Jakobsweg
chemise (*f.*) 5 6c	Hemd
chèque-cadeau (*m.*) 5 10	Gutschein
cher/chère 2 8a	lieber, liebe
chercher 2 1a 3 5b	abholen; suchen
cheveu (*m.*) 1 6a	Haar
chèvre (*f.*) 3 5c	Ziege
chez 1 4a	bei
chic 6 7b	schick
chien (*m.*) 2 8c	Hund
chocolat (*m.*) 3 4	Schokolade
choisir 1 6a	auswählen, aussuchen
choix (*m.*) 1 4a	(Aus-)Wahl
chose (*f.*) 1 3	Ding, Sache
ci-dessous 1 2c	unten
ci-dessus 2 1b	oben
cinéma (*m.*) 2 1a	Kino
classe (*f.*) 1 1a	Klasse
clé (*f.*) 3 2a	Schlüssel
client/e (*m./f.*) 3 E	Kunde(in)
climat (*m.*) 4 10	Klima
club (*m.*) de sport 2 1a	Turnhalle, Fitnesscenter
cocher 2 6c	ankreuzen
cœur (*m.*) 1 7	Herz
coffre-fort (*m.*) 3 1a	Tresor, Safe
coiffeur/-euse (*m./f.*) 1 4a	Friseur(in)
Colisée 1 1b	Kolosseum
collègue (*m.* + *f.*) 1 5b	Kollege, -in
combien de fois ? 5 8	wie oft?
combien de temps ? 6 2a	wie lange?
combien ? 3a	wie viel?
combinaison (*f.*) 4 2a	Verbindung, Kombination
commander 3 6a	bestellen
comme 1 10 2 1a	wie; als
Comme ça ? 5 3a	So?
commencer 2 9a	beginnen
Comment on dit… ? 4 3	Wie sagt man…? Wie heißt…?

Comment vas-tu ? 1 8a	Wie geht's dir?
comment y aller* 4 4	wie man dorthin geht
comment ? 1 2c	wie?
commentaire *(m.)* 3 3e	Kommentar
comparer 1 1a	vergleichen
compléter 1 2b	vervollständigen
comprimé *(m.)* 4 8a	Tablette
compris 6 8a	inbegriffen
comte *(m.)* 3 1a	Graf
confiture *(f.)* 5 5a	Konfitüre, Marmelade
confortable 3 1a	bequem, gemütlich, komfortabel
connaître* 1 1b	kennen
conseil *(m.)* 3 6d	Rat
conseiller 3 6c	empfehlen
consommateur/-trice 5 5a	Konsum-
continuer 3 E	fortsetzen, weitermachen
contraire *(m.)* 1 9	Gegensatz
conversation *(f.)* 1 5	Gespräch
coordonnées *(f.pl.)* 3 3e	Kontaktdaten
copain *(m.)* 2 1a	(fester) Freund
copine *(f.)* 2 1a	(feste) Freundin
coq *(m.)* 5 4a	Hahn
coq *(m.)* au vin 5 4a	Hähnchen in Rotweinsauce
corps *(m.)* 4 5	Körper
corps *(m.)* humain 4 5	menschlicher Körper
correct/e 2 8b	richtig
correctement 3 5b	richtig
correspondant 1 R	entsprechend
correspondre* à 2 1a	sich beziehen auf
corrida *(f.)* 4 1a	Stierkampf
Corse *(f.)* 6 4a	Korsika
coton *(m.)* 5 6c	Baumwolle
couleur *(f.)* 5 6c	Farbe
couple *(m.)* 1 5	Paar
cour *(f.)* 3 3b	Hof
courir* 2 1a	rennen, laufen
cours *(m.)* 1 3	Kurs
courses *(f.pl.)* 2 1a	Einkäufe
court/e 1 6a	kurz
cousin/e *(m./f.)* 1 7	Cousin(e)
coûter 5 9b	kosten
crème *(f.)* brûlée 3 5c	Crème Brûlée
crèmerie fromagerie *(f.)* 5 1c	Milch- und Käsegeschäft
croissant *(m.)* 5 5a	Croissant, Hörnchen
crudités *(f.pl.)* 5 4a	Rohkost
cuillère *(f.)* à soupe 4 8b	Suppenlöffel
cuir *(m.)* 5 6c	Leder
cuisine *(f.)* 2 7a 6 6a	Kochen; Küche
cuisiner 3 7	kochen
culture *(f.)* 4 1b	Kultur

D

d'après 1 4a 2 8a	aus; danach
d'après Mathilde 4 6b	Mathildes Meinung nach
d'après vous 2 3a	eurer/Ihrer Meinung nach
d'autres 1 3	andere
dame *(f.)* 4 2b	Dame
dans 1 2a	in
dans ce cas 1 8a	in diesem Fall
dans la rue 4 3	auf der Straße
danse *(f.)* 2 7a	Tanz
date *(f.)* 1 4c	Datum
date *(f.)* d'arrivée 3 3a	Ankunftsdatum Anreisedatum
date *(f.)* de départ 3 3a	Abfahrtsdatum Abreisedatum
date *(f.)* de naissance 1 4c	Geburtsdatum
de 1 1a 1 3	von; aus
de quoi… ? 1 5a	worüber …?
de… à 2 2	von … bis
début *(m.)* 1 10	Anfang
décembre *(m.)* 1 4a	Dezember
décider 6 9c	entscheiden
décoration *(f.)* 3 1a	Innenausstattung
décorer 3 1a	dekorieren, schmücken
découvrir* 3 1a	besichtigen
décrire* 1 5c	beschreiben

degré *(m.)* 4 9b	Grad
déjà 6 9b	schon
déjeuner 2 1a	zu Mittag essen
délicieux/-se 3 5	köstlich
demander 2 1d	fragen
demander des informations 3 6e	sich erkundigen
demi-bouteille *(f.)* 3 6b	halbe Flasche
demi-litre *(m.)* 5 1b	halber Liter
dent *(f.)* 4 6b	Zahn
dentifrice *(m.)* 5 1b	Zahnpasta
dentiste *(m. + f.)* 1 4a	Zahnarzt/-ärztin
départ *(m.)* 3 2b	Abreise
dépendre* de 2 1a	abhängen
dépenser 5 10	ausgeben
depuis 4 1a	seit
dernier/ère 1 4a 6 4a	letzter, -e, -es; vergangener, -e, -es
derrière 3 2b	hinter
des *(de+les)* 1 2c	von
description *(f.)* 3 1a	Beschreibung
design 3 1a	chic, elegant
désirer 3 5d	mögen
Désolé/e ! 2 6c	Tut mir leid!
désordre *(m.)* 4 8b	Unordnung
dessert *(m.)* 3 5c	Nachspeise
dessin *(m.)* 1 5c	Zeichnung
dessiner 6 R	zeichnen
destination *(f.)* 5 7a	Urlaubsziel
détail *(m.)* 3 1b	Detail, Merkmal
deuxième 1 5b	zweiter, -e , -es
deux-pièces *(m.)* 6 8a	Zweizimmerwohnung
devant 3 2a	vor
devenir* 4 1c	werden
deviner 2 3b	raten, erraten
dialogue *(m.)* 1 2a	Dialog
dictateur/-trice *(m./f.)* 1 4a	Diktator(in)
différence *(f.)* 1 4c	Unterschied
différent/e 1 4a	verschieden
dimanche *(m.)* 2 1a	Sonntag
dîner *(m.)* 2 1a	Abendessen
dîner 2 1a	zu Abend essen
dire* 1 3	sagen
direct/e 3 1a	direkt
discussion *(f.)* 1 8a	Auseinandersetzung, Diskussion
discuter 6 1b	miteinander reden, sich unterhalten, diskutieren
discutez-en 1 2a	sprechen Sie darüber
disposer de 3 1a	verfügen
distributeur de billets *(m.)* 4 4	Geldautomat
docteur *(m.)* 1 4	Arzt
données *(f.pl.)* 1 3	Daten
donner 2 1d	geben, angeben
donner sur 3 3b	hinausgehen
dos *(m.)* 3 5c	Rücken
dos *(m.)* de cabillaud à la provençale 3 5c	*Kabeljau mit Tomatensoße, Kräutern, Auberginen, Zucchini, Paprika*
douche *(f.)* 2 1a	Dusche
doudoune *(f.)* 5 6c	Daunenmantel, -jacke
du *(de+le)* 1 1a	von

E

eau *(f.)* 3 6b	Wasser
eau *(f.)* gazeuse 3 6b	Wasser mit Kohlensäure
eau *(f.)* plate 3 6b	stilles Wasser
échanger 3 3f	tauschen, austauschen
école *(f.)* 2 1a	Schule
écouter 1 2a	(an)hören, zuhören
écrire* 1 1a	schreiben
église *(f.)* 4 4	Kirche
élégance *(f.)* 3 1a	Eleganz
élevé/e 1 4a	hoch
elle 1 5b	sie
elles *(f.pl.)* 3 1a	sie
e-mail *(m.)* 1 8a	E-Mail
emmener 2 8c	mitnehmen
emporter 5 7a	mitnehmen
en 1 1b 5 6c	in; aus (+ *Material)*
en bas 2 1a	unten
en face de 3 2a	gegenüber
en fait 4 6b	eigentlich

en général 5 5a	normalerweise, in der Regel
en groupe 1 10	in Gruppen
en ligne 2 1a	online
en plein centre-ville 3 1c	mitten im Stadtzentrum
en pleine conversation 1 5	mitten im Gespräch
en vacances 6 E	im Urlaub
en ville 4 E	in der Stadt
en voyage 3 E	unterwegs, auf Reisen
encadré *(m.)* 2 2	Kasten
encore 4 8b	(immer) noch
encore une fois 1 2b	noch einmal
endroit *(m.)* 3 1a	Platz, Ort
enfant *(m. + f.)* 1 4a	Kind
ennuyeux/-se 1 8a	langweilig
ensemble 2 1a	zusammen
ensuite 2 1a	dann, danach
entendre* 2 6c	hören
Entendu ! 2 6c	Einverstanden!
entièrement 3 1a	ganz
entre 5 8	zwischen
entrée *(f.)* 3 5c 6 6a	Vorspeise; Eingang
envie *(f.)* 2 6c	Lust
environ 5 5a	circa
équipé/e 6 8a	eingerichtet
équipement *(m.)* 6 8b	Austattung, Einrichtung
équiper 3 1a	ausstatten
escargot *(m.)* 3 4	Schnecke
espace *(m.)* 3 R	Raum
espace *(m.)* naturel 4 1a	Naturpark
Espagne *(f.)* 5 5a	Spanien
espagnol/e 1 1a	spanisch
essayer 5 9b 6 9b	anprobieren; ausprobieren
et 1 2b	und
et ainsi de suite 3 E	und so weiter
Et avec ça ? 5 3a	Darf's noch etwas sein?
Et avec ceci ? 5 3a	Darf's noch etwas sein?, Sonst noch etwas?
et demie 2 1a	und eine halbe Stunde
et puis 1 10	außerdem
et toi ? 1 4c	und du?
et vous ? 1 4c	und ihr/Sie?
état *(m.)* civil 1 2b	Familienstand
etc. 1 4a	usw.
été *(m.)* 2 5	Sommer
étoile *(f.)* 3 1a	Stern
étrange 2 8c	seltsam
étranger/-ère 4 1c	ausländisch
être* 1 1b	sein
(être) d'accord 1 8a	einverstanden (sein)
être* en désordre 4 8b	durcheinander sein, nicht in der richtigen Reihenfolge sein
étude *(f.)* 1 4a	Studie
euro *(m.)* 5 10	Euro
Europe *(f.)* 5 5a	Europa
Eurostat 5 5a	*europäisches Statistikamt*
exact/e 4 7	richtig
exactement 6 6b	genau
excursion *(f.)* 6 1a	Ausflug
Excusez-moi ! 4 3	Entschuldigen Sie!, Verzeihen Sie!
exemple *(m.)* 1 1b	Beispiel
exercice *(m.)* 5 5a	Übung
expliquer 1 10	erklären
expression *(f.)* 2 1b	Ausdruck
exprimer 2 9a	ausdrücken

F

faible 1 4a	niedrig, gering
faire* 1 1b	machen
faire* connaissance 1 1	(sich) kennenlernen
faire* de la danse 2 7a	einen Tanzkurs besuchen
faire* de la photo 2 7a	fotografieren
faire* de la planche à voile 6 1a	windsurfen
faire* de la plongée libre 6 1a	schnorcheln

faire* de la randonnée 6 1a	wandern
faire* des balades à vélo 6 1a	Radtouren machen
faire* du dessin 2 7a	zeichnen
faire* du shopping 5 8	shoppen
faire* du ski 2 7a	ski fahren
faire* du sport 6 3a	Sport treiben
faire* du vélo 2 7a	Fahrrad fahren
faire* du... (comme taille) 5 9b	Größe ... haben
faire* la cuisine 2 7a	kochen
faire* la valise 5 7	(Koffer) packen
faire* le ménage 2 7a	die Wohnung putzen, sauber machen
faire* les boutiques 4 1a	shoppen
faire* les courses 2 1a	einkaufen
faire* les magasins 5 6	shoppen gehen
faire* une liste 1 4b	auflisten
falaise *(f.)* 3 1a	Felswand, Steilküste
fameux/-se 4 1a	bekannt, berühmt
famille *(f.)* 1 5	Familie
farcir 5 3a	füllen
fauteuil *(m.)* 6 6b	Sessel
faux/fausse 5 5a	falsch
femme *(f.)* 1 2b	Frau
fenêtre *(f.)* 3 2a	Fenster
ferme 5 3a	fest
fermer 1 6b	schließen, zumachen
fête *(f.)* 1 8a	Fest, Party
feu *(m.)* 4 2a	Ampel
feuille *(f.)* 3 4	Blatt
février *(m.)* 1 4a	Februar
fiche *(f.)* 1 3 2 4c	Formular; Zettel
fièvre *(f.)* 4 6b	Fieber
filet *(m.)* de bœuf à la sauce au poivre 3 5c	Rinderfilet mit Pfeffersoße
fille *(f.)* 1 7 1 8a	Tochter; Mädchen, junge Frau
film *(m.)* 4 1c	Film
fils *(m.)* 1 7	Sohn
fin *(f.)* 1 3	Ende

finir 2 1a	aufhören
fixer un rendez-vous 2 8b	einen Termin ausmachen
fleuve *(m.)* 4 1a	Fluß
Florence 1 R	Florenz
foie *(m.)* 3 5c	Leber
foie gras de canard *(m.)* 3 5c	Entenstopfleber
foire *(f.)* 4 1a	Jahrmarkt
fois *(f.)* 1 2b	Mal
Forêt-Noire *(f.)* 6 4a	Schwarzwald
former 4 2a	bilden
formulaire *(m.)* 3 3e	Formular
forum *(m.)* 2 1a	Forum
frais/fraîche 5 4c	frisch
fraise 3 5c	Erdbeere
français/e 1 1a	französisch
Français/e *(m./f.)* 5 5	Franzose, Französin
France *(f.)* 5 5a	Frankreich
free-lance 2 1a	freiberuflich
frère *(m.)* 1 5b	Bruder
frites *(f.pl.)* 3 7	Pommes frites
froid/e 4 9a	kalt
fromage *(m.)* 5 5a	Käse
frontière *(f.)* 4 1a	Grenze
fruit de mer *(m.)* 3 5c	Meeresfrucht
fruits *(m.pl.)* 5 1	Obst, Früchte
fumer 3 5c	rauchen

G

gagner 4 7	gewinnen
gai/e 1 8a	fröhlich
gant *(m.)* 5 9c	Handschuh
garde-robe *(f.)* 5 9	Garderobe *(Bekleidung)*
gare *(f.)* 4 4	Bahnhof
garer 4 1a	parken
garniture *(f.)* 3 6d	Beilage
généralement 5 4c	generell, im Allgemeinen
génial/e 4 1a	genial
genou *(m.)* 4 5a	Knie
gens *(m.pl.)* 1 8a	Leute
gentil/le 1 8a	nett, lieb

gîte *(m.)* 6 4a	*Ferienunterkunft auf dem Land*
gorge *(f.)* 4 6b	Hals
gothique 4 1a	gotisch
goût *(m.)* 3 1c	Geschmack
goûter 3 1a	probieren, kosten
goutte *(f.)* 4 8a	Tropfen
grammaire *(f.)* 1 E	Grammatik
gramme *(m.)* 5 1b	Gramm
grand lit *(m.)* 3 3a	Doppelbett
grand magasin *(m.)* 5 6	Kaufhaus
grand/e 1 6a	groß
grands-parents *(m.pl.)* 1 7	Großeltern
gratin *(m.)* 5 5a	Auflauf
gratuit/e 4 1a	kostenlos, frei
gros/se 1 6a	dick
groupe *(m.)* 1 4c	Gruppe
habiter 1 2c	wohnen
habitude *(f.)* 2 4b	Gewohnheit
habitude *(f.)* alimentaire 5 5b	Essgewohnheit
haut/e 5 6c	hoch
heure *(f.)* 2 1a	Stunde
histoire *(f.)* 4 1a	Geschichte
histoire *(f.)* naturelle 4 1a	Naturgeschichte
historique 3 1a	historisch
hiver *(m.)* 2 5	Winter
hôtel *(m.)* 3 E	Hotel
huître *(f.)* 3 4	Auster

I

idéal/e 3 1a	ideal
idée *(f.)* 2 E	Idee
il 1 8a	er
Il a 35 ans. 1 10	Er ist 35 Jahre alt.
Il fait beau. 4 9a	Es ist schönes Wetter.
Il fait chaud. 4 9a	Es ist heiß.
Il fait froid. 4 9a	Es ist kalt.
il faut 4 8b	Sie müssen
Il neige. 4 9a	Es schneit.
Il pleut. 4 9a	Es regnet.
il s'agit de 4 1a	es geht um
il y a 1 1b 6 4a	da ist/sind, es gibt; vor
Il y a du soleil. 4 9a	Es ist sonnig.
île *(f.)* 3 1a	Insel
île *(f.)* flottante 3 5c	*schwimmende Insel (Eischnee auf Vanillesoße)*
ils 1 4a	sie
imagination *(f.)* 2 3a	Fantasie
imaginer 2 E	sich vorstellen
imperméable 5 6c	wasserabweisend, wasserdicht
important/e 3 1b	wichtig
imprimé/e 5 6c	bedruckter Stoff
indication *(f.)* 4 2b	Hinweis, Auskunft
indiquer 1 8a	angeben
influence *(f.)* 1 4a	Einfluss
information *(f.)* 1 2b	Information
infrastructure *(f.)* 4 1b	Infrastruktur
ingrédient *(m.)* 3 6d	Zutat
inscrit/e 3 1a	eingetragen
intéressant/e 1 8a	interessant
intermède *(m.)* 2 E	Zwischenspiel
interroger 1 3	fragen
inviter 1 5b	einladen
Italie *(f.)* 1 1b	Italien
italien/ne 1 1a	italienisch

J

j'aimerais 2 8a	ich möchte
jamais 2 1a	niemals
jambe *(f.)* 4 5a	Bein
jambon *(m.)* 4 1a	Schinken
jambon *(m.)* blanc 5 1b	Kochschinken
janvier *(m.)* 1 4	Januar
jardin *(m.)* 3 3b	Garten
jardin *(m.)* botanique 4 1a	botanischer Garten
jaune 5 2	gelb
je 1 1b	ich
je voudrais 1 10	ich möchte
jeu *(m.)* de rôle 5 10	Rollenspiel
jeudi *(m.)* 2 R	Donnerstag
jouer 3 3f	spielen

jouer au tennis 2 7a	Tennis spielen
jour (*m.*) 2 1a	Tag
jour (*m.*) de la semaine 2 6a	Wochentag
journal (*m.*) 2 4b	Zeitung
journaliste (*m.* + *f.*) 2 1a	Journalist(in)
journée (*f.*) 2 1	Tag
juillet (*m.*) 1 4a	Juli
juin (*m.*) 1 4a	Juni
jupe (*f.*) 5 6c	Rock
jusqu'à 2 1a	bis
juste 1 6a 2 1a	richtig, passend; nur
juteux/-se 5 3a	saftig

K

kilo (*m.*) 5 1b	Kilo
kiosque (*m.*) à journaux 4 4	Zeitungskiosk
kitchenette (*f.*) 6 8a	Kochnische

L

l'après-midi 2 1b	am Nachmittag
l'un d'entre vous 2 1d	einer von euch/Ihnen
l'un… l'autre 4 8c	der eine … der andere
la 2 1a	sie
La chambre donne sur le jardin. 3 3b	Das Zimmer geht zum Garten hinaus.
la plus longue 1 1b	die längste
question (*f.*) 1 2c	Frage
lac (*m.*) 6 3a	(der) See
laine (*f.*) 5 6c	Wolle
lait (*m.*) 5 1b	Milch
langue (*f.*) 1 2b	Sprache
lave-linge (*m.*) 6 6b	Waschmaschine
laverie (*f.*) 6 8a	Waschküche
lave-vaisselle (*m.*) 6 6b	Spülmaschine
le dimanche 5 5a	sonntags
le mardi 2 3a	dienstags
le matin 2 1a	am Morgen, morgens
le midi 5 5a	mittags
le plus 2 4c	am meisten
le plus de 1 7	die meisten
le premier 2 5	als erste
le premier d'entre vous 3 E	der erste von euch/Ihnen
le soir 2 1a	am Abend, abends
le week-end 2 4c	am Wochenende
leader sportif/-ve (*m./f.*) 1 4a	Spitzensportler(in)
légumes (*m.pl.*) 3 6e	Gemüse
légumes (*m.pl.*) verts 5 5a	grünes Gemüse
les 1 8a	sie
lessive (*f.*) 5 1b	Waschpulver
leur 1 4c	ihr (*Possessivbegleiter*)
leurs 1 3	ihre
lexique (*m.*) 1 E	Wortschatz
lien (*m.*) de parenté 1 7	Verwandtschaftsverhältnis
lieu (*m.*) 4 4	Ort
lieu (*m.*) de naissance 1 2b	Geburtsort
lieu (*m.*) de résidence 1 2b	Wohnort
lingerie (*f.*) 5 6a	Unterwäsche
lire* 1 4a	lesen
Lisbonne 1 3	Lissabon
liste (*f.*) 1 1b	Liste
lit (*m.*) 2 2	Bett
lit (*m.*) double 6 8a	Doppelbett
lit (*m.*) simple 6 8a	Einzelbett
litre (*m.*) 5 1b	Liter
lits (*m.pl.*) jumeaux 3 3a	zwei getrennte Betten
livre (*m.*) 1 6b	Buch
livre (*f.*) 5 1b	Pfund
location (*f.*) de vacances 6 6	Ferienwohnung, Ferienhaus
loin de 3 1c	weit von
loisir (*m.*) 2 7a	Hobby
Londres 1 3	London
long/ue 1 6a	lang
lors de 5 10	bei
louer 6 6	mieten
lui 4 E	ihm/ihr
lundi (*m.*) 2 6a	Montag
lunettes (*f.pl.*) 1 6a	Brille
luxe (*m.*) 3 1a	Luxus

M

ma 2 1a	mein(e)
ma copine (*f.*) 2 1a	meine (feste) Freundin
maçon/ne (*m./f.*) 1 4a	Maurer(in)
madame (*f.*) 4 3	meine Dame
magasin (*m.*) 5 1c	Geschäft
magasin (*m.*) d'usine 5 8	Fabrikverkauf
magnifique 3 1a	wunderschön, herrlich
mai (*m.*) 1 4a	Mai
mail (*m.*) 1 8a	E-Mail
maillot (*m.*) de bain 5 7a	Badeanzug
main (*f.*) 4 5a	Hand
maintenant 1 8a	jetzt
mais 1 3	aber
maison (*f.*) 2 1a	Haus, Heim
malheureusement 2 8a	leider
manger 2 1a	essen
marchand (*m.*) de fruits et légumes 5 1	Obst- und Gemüsehändler
marché (*m.*) 4 1a	Markt
mardi (*m.*) 2 3a	Dienstag
mari (*m.*) 1 5a	Ehemann
marié/e 1 2c	verheiratet sein
marocain/e 2 R	marokkanisch
marque (*f.*) 5 8	Marke
marron 1 6a	braun
mars (*m.*) 1 4a	März
matin (*m.*) 2 1a	Morgen, Vormittag
maximum 1 1a	die meisten
me 1 8a	mir
méchant/e 1 9	böse
médecin (*m. + f.*) 1 4a	Arzt
médiéval/e 4 1a	mittelalterlich
meilleur/e 3 7	bester, -e, es
même 3 1c	gleicher, -e, -es
même... que 5 8	gleicher, -e, -es ... wie
mémoire (*f.*) 1 6b	Gedächtnis

mémoriser 1 6b	sich einprägen
ménage (*m.*) 2 7a	Haushalt
ménage (*m.*) de départ 6 8a	Endreinigung
mener 1 4a	durchführen
menu (*m.*) 3 7	Menü
mer (*f.*) 2 8a	Meer
mercredi (*m.*) 2 8a	Mittwoch
mère (*f.*) 1 5b	Mutter
merveilles (*f.pl.*) 1 1b	Sehenswürdigkeiten
merveilleux/-se 6 4	wunderschön
mes 1 8a	meine
message (*m.*) 2 1a	Nachricht, Beitrag
météo (*f.*) 4 9	Wetterbericht
métier (*m.*) 1 4a	Beruf
mètre (*m.*) 3 1a	Meter
métro (*m.*) 3 1a	U-Bahn
mettre* 2 4a 4 8b	stellen, legen, setzen; einreiben, auftragen
mettre* dans la valise 5 7b	(in den Koffer) packen
mettre* dans le bon ordre 2 4a	gut einordnen
meuble (*m.*) 6 6b	Möbelstück
midi (*m.*) 2 1b	Mittag
midi et soir 5 5a	mittags und abends
mimer 4 7	nachahmen
mince 1 6a	dünn
minibar (*m.*) 3 2a	Minibar
minute (*f.*) 1 1a	Minute
miroir (*m.*) 6 6b	Spiegel
modèle (*m.*) 3 3f	Muster, Beispiel
moderne 3 1a	modern
moi 1 4c	ich (*betont*)
moi aussi 2 4c	ich auch
moi non plus 2 4c	ich auch nicht
moi si 3 4	ich schon
Moi, ça va. 2 8a	Es geht mir gut.
moins de... 5 8	weniger als ...
mois (*m.*) 1 4a	Monat
moment (*m.*) 2 1b	Moment
mon, ma, mes 1 7	mein(e)
monde (*m.*) 1 1 1 8a	Welt; Leute
monsieur (*m.*) 4 3	mein Herr
montagne (*f.*) 2 4c	Berg(e)
monter 3 3c	aufs Zimmer bringen
montrer 1 4a	zeigen

monument (m.) 1 1b	Monument, Denkmal
mot (m.) 1 6a	Wort
moules (f.pl.) marinières 3 7	*Miesmuscheln in Weinsud mit Kräutern gekocht*
mousse (f.) 3 4	Mousse
moustache (f.) 1 6a	Schnurrbart
Munich 1 3	München
mûr/e 5 3a	reif
musée (m.) 4 1a	Museum
musée (m.) des Beaux-Arts 4 R	Museum der Schönen Künste

N

nager 6 1a	schwimmen
naissance (f.) 1 2b	Geburt
naître* 1 4	geboren werden
nationalité (f.) 1 1a	Nationalität, Staatsangehörigkeit
nature (f.) 4 1a	Natur
ne… personne 3 4	niemand
ne… que 1 8a	nur
né/e 1 4a	geboren
ne… plus 2 9b	nicht mehr
niçois/e 3 4	aus Nizza
noir/e 1 6a	schwarz
nom (m.) 1 2b 3 3e	Name; Familienname
nombre (m.) 1 4a	Zahl
nombreux/-se 4 1a	zahlreich
non 1 8a	nein
nord (m.) 4 1c	Norden
nos 3 1a	unsere
notre 2 8a	unser(e)
nourriture (f.) 6 4a	Essen
nous 2 1a 3 6c	wir; uns
nouveau, nouvelle 2 1c	neu
novembre (m.) 1 4a	November
nuage (m.) 4 9a	Wolke
nuit (f.) 2 1a	Nacht
numéro (m.) 4 8b	Nummer

O

océan (m.) 4 1a	Ozean
œil (m.) 1 6a	Auge
œuf (m.) 1 7	Ei
Office (m.) britannique des statistiques nationales 1 4a	*nationales britisches Statistikamt*
oignon (m.) 3 5c	Zwiebel
on 1 8a 2 9	wir; man
on doit (*devoir**) 1 8a	wir sollen (*müssen, sollen*)
on peut (*pouvoir**) 1 8a	wir können (*können*)
oncle (m.) 1 7	Onkel
orage (m.) 4 9a	Gewitter
orange 5 2	orange
ordi(nateur) (m.) 2 1a	Computer
ordre (m.) 2 5	Reihenfolge
oreiller (m.) 3 2b	Kissen
organiser 1 5b	organisieren, planen
orienté/e 3 1a	ausgerichtet
ou 1 4a	oder
ou bien 2 1a	oder
où ? 1 2c	wo?
oui 4 7	ja
ouvert/e 1 8a	offen

P

page (f.) 1 1a	Seite
pain (m.) 5 1b	Brot
pain (m.) au chocolat 5 5a	Schokocroissant
panorama (m.) 1 1	Panorama, Ausblick
pansement (m.) 4 8a	Pflaster
pantalon (m.) 5 6c	Hose
par 1 4a	von
par an 5 8	im Jahr, pro Jahr
par jour 4 8b	pro Tag
parc (m.) 3 1a	Park
parc (m.) des expositions 3 1a	Messegelände
parce que 1 10	weil
Pardon ! 4 3	Entschuldigung!
parents (m.pl.) 1 7	Eltern
parfait/e 3 7	perfekt
parfois 2 4a	manchmal
parking (m.) 3 1a	Parkplatz
parking (m.) privé 6 8a	Privatparkplatz

parler 1 2a	reden, sprechen
partenaire (*m.* + *f.*) 2 3c	Partner(in)
participant/e (*m./f.*) 1 3	Teilnehmer(in)
participer 2 R	teilnehmen
particulier/-ère 3 6d	besonderer, -e, -es
partie (*f.*) 4 5b	Teil
partie (*f.*) du corps 4 5b	Körperteil
partir* 2 6b	abfahren, losfahren
partir* 6 2	(weg)gehen, (weg-) fahren
partir* en vacances 6 2	in den Urlaub fahren
partir* le... 6 3a	am ... (weg)fahren
pas (*m.*) 3 1a	Schritt
pas du tout 3 4	überhaupt nicht
Pas question ! 2 6c	Auf keinen Fall!
pas... encore 1 8a	noch nicht
passer 2 1a	verbringen
pâtes (*f.pl.*) 5 5a	Pasta, Nudeln
pâtisserie (*f.*) 5 1c	Konditorei
patrimoine (*m.*) mondial de l'humanité 3 1a	Weltkulturerbe
pause (*f.*) 2 1a	Pause
pause (*f.*) déjeuner 2 1a	Mittagspause
payant/e 6 8a	kostenpflichtig
pays (*m.*) 3 3e	Land
penser 1 8a	denken
perdre* 2 8b	verlieren
père (*m.*) 1 R	Vater
personne (*f.*) 1 2a	Person
petit/e 1 6a	klein
petit-déjeuner (*m.*) 2 1a	Frühstück
petite-fille (*f.*) 1 7	Enkeltochter
petit-fils (*m.*) 1 7	Enkelsohn
pharmacie (*f.*) 4 3	Apotheke
pharmacien/ne (*m./f.*) 4 8b	Apotheker(in)
photo (*f.*) 1 2a	Foto
phrase (*f.*) 1 7	Satz
physicien/ne (*m./f.*) 1 4a	Physiker(in)
physique (*m.*) 1 6b	Aussehen
physiquement 1 R	physisch
pièce (*f.*) 6 6a	Zimmer
pièce (*f.*) d'identité 3 3c	Ausweis
pied (*m.*) 4 5a	Fuß
pilote (*m.* + *f.*) 1 4a	Pilot(in)
piscine (*f.*) 2 7a	Schwimmbad
piste (*f.*) cyclable 4 1a	Fahrradweg
place (*f.*) 3 6d 4 2a	Stelle; Platz
place (*f.*) de parking 6 8a	Stellplatz
placé/e 3 2a	angegeben
plage (*f.*) 6 4a	Strand
plaire* 5 9c	gefallen
plan (*m.*) 4 2b 6 6a	Stadtplan; Wohnungsgrundriss
planche (*f.*) à voile 6 1a	Windsurfen; Surfbrett
plat (*m.*) 3 4	Gericht
plateau (*m.*) 3 5c	Platte
plateau (*m.*) de fruits de mer 3 5c	Meeresfrüchteplatte
plein/e 1 5	voll
plongée (*f.*) libre 6 1a	Schnorcheln
plume (*f.*) d'oie 5 6c	Gänsedaune
plus de... 5 8	mehr als ...
plusieurs 4 2a	mehrere, einige
plutôt 1 4a	eher
point (*m.*) 1 8a	Punkt
pointure (*f.*) 5 9c	Schuhgröße
poisson (*m.*) 3 5c	Fisch
poissonnerie (*f.*) 5 1c	Fischgeschäft
poivre (*m.*) 3 5c	Pfeffer
policier (*m.*) 4 2b	Polizist
pommade (*f.*) 4 8a	Salbe
pomme (*f.*) 5 1b	Apfel
pomme (*f.*) de terre 5 4a	Kartoffel
porc (*m.*) 5 5a	Schweinefleisch
port (*m.*) de commerce 4 1a	Handelshafen
porte (*f.*) 3 2a	Tür
Porte de Versailles 3 1a	*Viertel von Paris*

porter 1 6a	tragen
Portugal 1 3	Portugal
poser une question 1 2c	eine Frage stellen
possibilité (*f.*) 1 4a	Möglichkeit
possible 2 6c	möglich
poste (*f.*) 4 4	Post
poster 2 1a	posten
poulet (*m.*) 3 5c	Hähnchen
poulet (*m.*) basquaise 3 5c	*Hähnchen mit rohem Schinken, Paprika und Tomaten*
pour 1 5b 1 6a	für; um ... zu
pourcentage (*m.*) 1 4a	Prozentsatz
pourquoi 1 10	warum
précis/e 4 3	bestimmter, -e, es
préféré/e 3 4	Lieblings-
préférer 3 5d	bevorzugen
premier/-ère 2 5	erster, -e, -es
prendre* 3 6b	nehmen
prendre* un bain de soleil 6 1a	sich sonnen
prendre* un petit-déjeuner 2 1a	frühstücken
prendre* un rendez-vous 2 8b	einen Termin ausmachen
prendre* une douche 2 1a	duschen
prénom (*m.*) 3 3e	Vorname
préparé/e 3 6c	zubereitet
préparer 2 1a	vorbereiten
près d'ici 4 3	hier in der Nähe
près de 3 1a	in der Nähe von
présenter 1 10	vorstellen
presque 3 7	fast
principal/e 5 5a	Haupt-
printemps (*m.*) 2 5	Frühling
prix (*m.*) 5 8	Preis
prix Nobel (*m.* + *f.*) 1 4a	Nobelpreisträger(in)
problème (*m.*) 4 6b	Problem
prochain/e 2 8a	nächster, nächste, nächstes
produit (*m.*) 3 1a	Produkt
professeur (*m.* + *f.*) 2 1d	Lehrer(in)
profession (*f.*) 1 4a	Beruf
professionnel/le 1 4a	Profi...
profiter de 4 1a	genießen
projet (*m.*) 1 8a	Projekt, Plan
proposer 2 6b 3 1a	vorschlagen; anbieten
proposition (*f.*) 2 6d	Vorschlag
propre 5 5b	eigen
puis 1 1a	dann
pull (*m.*) 5 6c	Pullover
pull (*m.*) à col roulé 5 6c	Rollkragenpulli

Q

qu'est-ce que... ? 1 4c	was ...?
qualité (*f.*) 5 8	Qualität
quand 1 8a 5 5a	wenn; während
quand... ? 2 6b	wann ...?
quantité (*f.*) 5 1b	Menge
quartier (*m.*) 3 1a	Viertel
quatrième 2 7b	vierter, -e, -es
que 1 1b 1 4a	der, die, das (*Relativpronomen*); dass
que... ? 1 8a	was?
Quel temps fait-il ? 4 9a	Wie ist das Wetter?
quelles ? (quel/quelle) 1 2a	welcher, -e, -es?
quelqu'un 1 6	jemand
quelque chose 4 3	etwas
quelquefois 2 4a	manchmal
quelques 2 1a	ein paar, einige
qui 1 8a	der, die, das (*Relativpronomen*)
qui rit 1 8a	die lacht
qui... ? 1 1b 1 8	wer ...?; wen ...?
quiche (*f.*) 5 5a	Quiche
quotidien (*m.*) 2 1a	Tageszeitung
quotidien/ne 2 1	täglich

R

raconter 1 8a	erzählen
randonnée (*f.*) 6 1a	Wanderung
ranger 2 1a	aufräumen
rarement 2 4a	selten

ratatouille (*f.*) 3 6e	Ratatouille (*Gemüsegericht mit Tomaten, Zucchini, Auberginen, Paprika*)
rayon (*m.*) 5 6a	Abteilung
réception (*f.*) 3 1	Rezeption
réceptionniste (*m.* + *f.*) 3 3c	Empfangschef(in)
réécouter 2 3c	noch einmal (an)hören/zuhören
réfrigérateur (*m.*) 6 6b	Kühlschrank
refuser 2 6d	ablehnen
regarder 1 1a	anschauen
regarder la télé(vision) 2 1a	fernsehen
région (*f.*) 3 1a	Region
regretter 2 9a	bedauern, leidtun, bereuen
relaxant/e 6 4a	entspannend
relire* 1 4b	noch einmal lesen
remarquer 1 4a	bemerken
rempart (*m.*) 4 1a	Stadtmauer
remplir 3 5c	ausfüllen
rendez-vous (*m.*) 2 7b	Verabredung, Termin
rénover 3 1a	renovieren
rentrée (*f.*) 1 4a	Schulbeginn (*im September*)
rentrer (à la maison) 2 1a	(nach Hause) zurückkommen
rentrer le… 6 3a	am … zurückfahren, am … zurückkommen
repas (*m.*) 4 8b	Mahlzeit
répondre* 1 3	antworten
réponse (*f.*) 2 2	Antwort
reporter 2 8a	verschieben
reprendre* 3 E	wiederholen
Reprenons ! 1 E	Wir greifen wieder auf!
représenté à droite 2 7b	rechts stehend
représenter 1 4c 4 1a	vertreten; darstellen
réservation (*f.*) 3 3a	Reservierung, Buchung
réservé/e 1 8a	zurückhaltend
réserver 3 3d	reservieren, buchen
résidence (*f.*) 1 2b	Wohnsitz
ressemblance (*f.*) 1 4c	Ähnlichkeit
ressembler 2 4c	ähneln
restaurant (*m.*) gastronomique 3 1a	Gourmetrestaurant
reste (*m.*) 1 1a	Rest
rester 2 1a	bleiben
retrouver 2 1a	sich treffen
rêve (*m.*) 6 4a	Traum
revoir* 2 8a	wiedersehen
rez-de-chaussée (*m.*) 6 8a	Erdgeschoss
rhume (*m.*) 4 6b	Schnupfen
rien de spécial 6 4a	nichts besonderes
rire* 1 8a	lachen
riz (*m.*) 5 5a	Reis
robe (*f.*) 5 6c	Kleid
roche (*f.*) 3 1a	Fels
rôle (*m.*) 5 10	Rolle
Rome 1 1b	Rom
rouge 5 2	rot
routine (*f.*) 2 1	Alltag, Routine
rue (*f.*) 3 3b	Straße

S

s'appeler 1 2c	heißen
s'habiller 6 7b	sich anziehen
S'il vous plaît ! 3 6c	Bitte!
s'organiser 2 1a	sich organisieren
sa 1 8a	sein(e), ihr(e)
sac (*m.*) (à main) 5 6c	(Hand-)Tasche
salade (*f.*) 3 4	Salat
salade (*f.*) de chèvre chaud 3 5c	*im Backofen erwärmter Ziegenkäse auf grünem Salat serviert*
salade (*f.*) niçoise 3 4	Nizza-Salat (*Salat mit Tomaten, Paprika, Anchovis, gekochten Eiern, Bohnen, Oliven*)

salle (*f.*) de bains 3 1a	Badezimmer
salle (*f.*) de fitness 3 1a	Fitnessraum
salon (*m.*) 6 6a	Wohnzimmer
salon (*m.*) de toilettage 2 8c	Hundesalon
Salut ! 1 2	Hallo!
samedi (*m.*) 2 7b	Samstag
sans 4 1c	ohne
santé (*f.*) 4 5	Gesundheit
sauce (*f.*) 3 5c	Soße
sauf 2 1a	außer
saumon (*m.*) 3 5c	Lachs
savoir* 3 5a	wissen
scène (*f.*) 3 6f	Szene
schéma (*m.*) 4 1b	Schema
se baigner 6 1a	baden
se détendre* 6 7b	sich entspannen
se lever 2 1a	aufstehen
se revoir* 2 8	sich wieder sehen
se servir* de 1 7	benutzen, verwenden
se trouver 3 1a	sich befinden
secrétaire (*m.* + *f.*) 1 4c	Sekretär(in)
séjour (*m.*) 6 8a	Wohnzimmer
selon 1 4a	je nach
selon 1 4a	nach, gemäß
semaine (*f.*) 2 6a	Woche
séparé/e 6 8a	getrennt
sept heures et demie 2 1a	halb acht
septembre (*m.*) 1 4a	September
serial-killer (*m.* + *f.*) 1 4a	Serienmörder(in), Massenmörder(in)
serveur (*m.*) 3 6d	Kellner
servir* 3 6c	servieren
ses 1 8a	seine, ihre
seul/e 5 8	allein
seulement 5 5a	nur
si 2 1d 2 4b	wenn; ob
sieste (*f.*) 2 4b	Mittagsschlaf
sinon 1 8a	ansonsten
sirop (*m.*) 4 8a	(Husten-)Saft
site (*m.*) internet 4 1a	Webseite
situation (*f.*) 4 3	Lage
situé/e 3 1a	gelegen
situer dans l'espace 3 R	im Raum platzieren
ski (*m.*) 2 7a	Skifahren
skier 6 1a	Ski fahren
sœur (*f.*) 1 7	Schwester
soie (*f.*) 5 6c	Seide
soir (*m.*) 2 1a	Abend
soirée (*f.*) 2 1a	Abend
sole (*f.*) meunière 3 5c	Seezunge nach Müllerinart
soleil (*m.*) 4 9a	Sonne
son, sa, ses 1 5b	sein(e), ihr(e)
sortie (*f.*) 2 1a	Ausgang, Ende
sortir* 2 1a	ausgehen
souhait (*m.*) 2 9a	Wunsch
souligner 1 4a	unterstreichen
soupe (*f.*) 3 5c	Suppe
soupe (*f.*) à l'oignon gratinée 3 5c	überbackene Zwiebelsuppe
sous 3 2a	unter
souvent 1 4a	oft, häufig
spacieux/-euse 3 1a	geräumig
sportif/-ve (*m./f.*) 1 4a	Sportler(in)
stage (*m.*) 1 10	Praktikum
station (*f.*) de bus 3 1a	Bushaltestelle
station (*f.*) de métro 3 1a	U-Bahnhaltestelle
studio (*m.*) 6 8a	Einzimmerwohnung
style (*m.*) 3 1a	Stil
succès (*m.*) 6 5c	Erfolg
sud (*m.*) 3 1a	Süden
suivant/e 1 4a	folgender, -e, -es
suivre* 4 2b	folgen, befolgen
super 6 4a	super
supermarché (*m.*) 4 4	Supermarkt
sur 1 1 3 2a	über; auf
sur demande 6 8a	auf Wunsch
sur la droite 4 2b	auf der rechten Seite
sur la gauche 4 2b	auf der linken Seite
sur les gens à inviter 1 8a	wen wir einladen sollen
sûr/e 2 1d	sicher
surf (*m.*) 4 1a	Surfen

surfer sur Internet 2 7a	im Internet surfen
surtout 1 4a	vor allem, besonders, insbesondere
symbole (*m.*) 4 9b	Symbol
sympa(thique) 1 8a	sympathisch
symptôme (*m.*) 4 6b	Symptom

T

ta 2 1	dein(e)
table (*f.*) de nuit 3 2a	Nachttisch, Nachtkästchen
tableau (*m.*) 1 2c	Tabelle
taille (*f.*) 5 9b	Größe
talon (*m.*) 5 6c	Absatz
tante (*f.*) 1 7	Tante
tapis (*m.*) 3 2a	Teppich
tard 2 1a	spät
tarte (*f.*) aux fraises 5 4a	Erdbeerkuchen
tarte (*f.*) aux pommes 5 1b	Apfelkuchen
tartine (*f.*) 5 5a	Butterbrot, Toast
te 2 6c	dir
téléphone (*m.*) 2 6	Telefon
téléphone (*m.*) fixe 3 3e	Festnetznummer
(téléphone) portable (*m.*) 3 3e	Mobiltelefon
télévision (*f.*) 2 1a	Fernseher; Fernsehen
télévision (*f.*) satellite 3 1a	Satellitenfernsehen
temps (*m.*) 4 9a	Wetter
terminer 2 9a	beenden
terrasse (*f.*) 3 1a	Terrasse
tête (*f.*) 4 5a	Kopf
texte (*m.*) 2 1a	Text
thé (*m.*) 5 5a	Tee
théâtre (*m.*) 2 1a	Theater
thème (*m.*) 6 5a	Thema
tirage (*m.*) au sort 5 10	Verlosung, Auslosung
tomate (*f.*) 5 1b	Tomate
tôt 2 1a	früh
toujours 2 1a	immer
tour (*f.*) 1 1b	Turm
tourisme (*m.*) rural 6 4a	Agrotourismus *(Urlaub auf dem Bauernhof)*
tourner 4 2a	abbiegen
tous 6 8	alle, jeder
tous les ans 4 1a	jedes Jahr
tous les jours 2 1a	jeden Tag
tous les matins 5 5a	jeden Morgen
tous les repas 5 5a	jede Malhzeit
tousser 4 6b	husten
tout droit 4 2	geradeaus
tout le monde 2 1a	alle
tout le temps 1 8a	die ganze Zeit
tout le/toute la 1 3	der/die ganze
toute l'année 4 1a	das ganze Jahr durch, ganzjährig
toutes les six heures 4 8b	alle sechs Stunden
travailler 1 10	arbeiten
traverser 4 2a	überqueren
très 1 8a	sehr
(très) bien 5 3a	(sehr) gut
triste 1 8a	traurig
troisième 2 1d	dritter
trois-pièces (*m.*) 6 8a	Dreizimmerwohnung
trop 2 1a	zu
trop de 1 8a	zu viel
trouver 1 4c	finden
tu 1 2c	du
turc, turque 1 1a	türkisch
turquoise 6 4a	türkis
type (*m.*) 3 3a	Typ
typique 2 1a	typisch

U

un grand nombre 1 4a	eine große Zahl
un peu 2 1a	ein bisschen
un seul de 28 jours 2 5	nur einer hat 28 Tage
une des trois façons de poser une question 1 2c	eine der drei Frageformen
utile 5 9d	nützlich
utiliser 1 2c	benutzen

V

vacances (*f.pl.*) 2 8b	Ferien, Urlaub
valise (*f.*) 3 R	Koffer
veau (*m.*) 3 5c	Kalbfleisch
végétarien/ne (*m./f.*) 3 5d	Vegetarier(in)
vélo (*m.*) 2 7a	Fahrrad
vendeur/-se (*m./f.*) 5 9c	Verkäufer(in)
venir* 1 8a	kommen
vent (*m.*) 4 9a	Wind
ventre (*m.*) 4 5a	Bauch
verbe (*m.*) 2 1d	Verb
vérifier 1 6b	kontrollieren
vernissage (*m.*) 2 1a	Vernissage
verre (*m.*) 2 4b	Glas
vers 2 1a	gegen
vert/e 1 6a	grün
vêtement (*m.*) 5 6a	Kleidungsstück
veut (*vouloir**) 1 5b	will (*wollen*)
viande (*f.*) 3 5c	Fleisch
viande (*f.*) hachée 5 1b	Hackfleisch
vice-versa 4 4	umgekehrt
vie (*f.*) 1 4c	Leben
ville (*f.*) 3 3e	Stadt
Ville (*f.*) d'art et d'histoire 4 1a	*französische Auszeichnung (wörtlich: Stadt der Kunst und der Geschichte)*
ville (*f.*) historique 6 1a	historische Stadt
vin (*m.*) 2 4b	Wein
visite (*f.*) guidée 6 1a	Führung
visiter 4 1a	besichtigen, besuchen
vitrine (*f.*) 5 9b	Schaufenster
vivre* 1 3	leben
voici 5 5a	hier sind
voilà 3 3c	hier
voir* 5 9b	sehen
voisin/e (*m./f.*) 1 2a	Nachbar(in)
voiture (*f.*) 4 1a	Auto
volontiers 2 6c	gerne
vos 1 3	eure; Ihre
voter 4 10	wählen, abstimmen
votre 1 2a	euer; Ihr
vous 1 1a 2 4c	ihr, Sie; euch/Ihnen
voyage (*m.*) 3 E	Reise
voyage (*m.*) organisé 6 9a	Gruppenreise
voyager 1 8a	reisen, verreisen
vrai/e 5 5a	richtig, wahr
vraiment 1 8a	wirklich
vue (*f.*) 3 1a	Aussicht

W

week-end (*m.*) 2 4c	Wochenende
Wi-Fi (*m.*) 3 1a	WLAN

Y

y 2 1a	dort
yaourt (*m.*) nature 5 1b	Naturjogurt
yeux (*m.pl.*) 1 6a	Augen
yoga (*m.*) 1 8a	Yoga

Transkriptionen der Hördialoge

Leçon 1

Activité 2

♠ Salut ! Tu veux boire quelque chose ?
♣ Merci, je bois déjà…
♠ Ah ! Je me présente, je m'appelle Jérémy. Et toi ?
♣ Moi, c'est Hilary.
♠ Tu es d'où ?
♣ Je suis anglaise, de Brighton. Mais je suis née à Londres.
♠ Ah, tu es de Brighton ! C'est une ville au bord de la mer, non ?
♣ Oui, mais à Brighton il y a aussi le Pavillon Royal, le festival d'art, c'est une ville très dynamique. Et toi, tu es d'ici ?
♠ Non. J'habite à Lyon pour mes études. Je fais des études de droit à la fac Jean Moulin. Mais je suis de Montélimar, tu sais le nougat… Et toi, qu'est-ce que tu fais à Lyon ?
♣ Je vis ici, je suis mariée à un Lyonnais.
♠ Ah, d'accord… Et tu as appris le français où ?
♣ Ici, en France, pourquoi ?
♠ Ah ben, tu le parles super bien pour une Anglaise ! On n'entend pas beaucoup ton accent !
♣ Ah oui ? Je parle bien mieux l'italien ou l'espagnol.
♠ Vraiment ? Bravo ! Moi, je parle anglais, c'est tout, enfin… un peu. Mais tu as quel âge ?
♣ Vingt-quatre ans, et toi ?
♠ Vingt-six… Vingt-quatre ans et déjà mariée…
♣ Eh oui !
♠ Déjà… Elle est sympa la fête, non ?
♣ Oui, très sympa !

Activité 5

♦ Tu sais que dans deux semaines, c'est mon anniversaire ?
♥ Bien sûr !
♦ On fait une fête ?
♥ Une fête ?
♦ Oui, on fait jamais rien. Et cette année, je voudrais faire quelque chose de spécial.
♥ Si tu veux…
♦ Bon, j'invite quelques amis, et puis quelques collègues comme Marie, Pauline, Charlotte…
♥ Marie ?
♦ Mais oui, tu sais Marie, la grande avec les cheveux longs et châtains, super sympa…
♥ Ah oui, la fille avec des lunettes…
♦ Non, la fille avec des lunettes, c'est Pauline. Elle, elle est plutôt petite et elle est blonde.
♥ Ah oui, d'accord. Tes collègues de travail, et qui d'autre encore ?
♦ Nos voisins.
♥ Quels voisins ?
♦ Les Duvauchel bien sûr. Avec les autres, on n'a pas de contact, on se salue à peine.
♥ Oh non, pas lui s'il te plaît ! Il est antipathique.
♦ Ah bon ? Avec moi, il est toujours très gentil.
♥ Ah oui ?
♦ Oui, il est aimable et poli. Bon, alors, on invite les habitués : Nadia et Valentin, Béatrice et Jamel… mes amies du yoga…
♥ Dans ce cas, on peut inviter mes copains aussi…
♦ Quoi ? Mais c'est MON anniversaire !
♥ Peut-être, mais tu vas pas inviter seulement des filles, non ?
♦ Non, pas du tout, mon frère vient aussi !
♥ Ton frère vient ? Bien, alors on invite aussi ma sœur et mes parents !
♦ Tes parents ?
♥ Oui, pourquoi pas ?
♦ Ah oui, mais pas de souci ! On invite tes parents, ta sœur, ta tante, ta grand-mère, toute ta famille !

Leçon 2

Activité 3

Le matin, je prends jamais de petit-déjeuner. Je me lève juste une demi-heure avant de sortir parce que le soir je vais jamais au lit avant une ou deux heures du matin. Alors bien sûr, je suis toujours fatigué le matin et je préfère rester au lit. Je travaille jusqu'à 18 h 30. Après le travail, je prends quelquefois un apéritif avec des collègues ou alors je vais en ville faire des courses. Le soir, je fais jamais la cuisine. Je vais au resto ou je réchauffe un plat préparé au micro-onde. Le lundi soir, je vais toujours dîner chez mes parents, et le mardi je vais au sport et après je fais un sauna. Mais parfois le soir, je dois travailler encore un peu à la maison pour mon entreprise.

Activité 6

- ♦ Allô !
- ♥ Bonjour chérie !
- ♦ Ah bonjour, c'est toi !
- ♥ Oui c'est moi, écoute, je suis au bureau et je viens de parler avec Roger. On voudrait faire quelque chose pour le pont du 29 mai.
- ♦ C'est quel jour de la semaine ?
- ♥ C'est un jeudi. On voudrait prendre le vendredi pour aller à la mer quelques jours. Ça te dit un week-end à la mer ?
- ♦ Oh, oui volontiers ! Tu veux partir quand ?
- ♥ Mercredi soir ?
- ♦ Attends, je regarde mon agenda… Oh, désolée, mais mercredi soir j'ai rendez-vous avec mes amies… Bon, c'est pas grave, on peut partir jeudi matin ?
- ♥ C'est pas possible. Il y a trop de circulation en début de long week-end.
- ♦ On peut partir l'après-midi !
- ♥ Non, on perd un jour si on part trop tard. C'est mieux de partir mercredi soir, qu'est-ce que tu en penses ?
- ♦ Si je compte bien, jeudi, vendredi, samedi et dimanche, ça fait quatre jours en tout, non ?
- ♥ Oui, mais si tu comptes le temps de route, il reste seulement deux jours.
- ♦ Je comprends et tu veux aller où ?
- ♥ À la dune du Pilat.
- ♦ Oh non, pas la dune du Pilat, il y a toujours plein de touristes !
- ♥ Roger a proposé l'île de Ré.
- ♦ Quelle bonne idée !
- ♥ Mais c'est trop cher !
- ♦ Et la dune du Pilat, c'est gratuit ?
- ♥ Non, mais les prix ne sont pas excessifs. Et à l'île de Ré, il y a aussi plein de touristes.
- ♦ Tu as raison, mais je préfère l'île de Ré, c'est chic et il y a de belles boutiques.
- ♥ Bon, d'accord pour l'île de Ré et toi, tu reportes ton rendez-vous avec tes amies.
- ♦ Entendu ! On fait comme ça !

Leçon 3

Activité 3

- ♠ Bonjour madame, bonjour monsieur !
- ♣ Bonjour monsieur, mon nom est Chambertin, nous avons réservé une chambre.
- ♠ Oui, un instant s'il vous plaît. Monsieur et madame Chambertin… Oui, c'est exact, une chambre double avec un grand lit du 14 au 17 septembre. Bienvenue !
- ♣ Merci.
- ♠ Vous avez une pièce d'identité, s'il vous plaît ?
- ♣ Oui, voilà.
- ● Est-ce que la chambre est calme ?
- ♠ Oui, tout à fait. La chambre donne sur une cour intérieure, elle est donc très calme.
- ● Ah… La vue n'est pas belle alors…
- ♠ Non, pas vraiment madame, désolé.
- ♣ Ce n'est pas grave, on est dans la chambre seulement pour dormir. Mais il y a l'air conditionné, n'est-ce pas ?
- ♠ Oui, bien sûr monsieur.
- ♣ Et un coffre-fort ?
- ♠ Oui, absolument, monsieur.
- ● D'après votre site Internet, il y a une station de métro pas loin d'ici. C'est vrai ?

♠ Oui, en effet. La station de métro se trouve au bout de la rue. Alors, voici les clés. C'est la chambre 221. Quelqu'un va monter vos bagages. L'ascenseur est à droite derrière vous.
● Merci bien !
♣ Ah, encore une question ! Il y a une salle de fitness ?
♠ Non, nous n'avons pas de salle de fitness, désolé monsieur.

Activité 6

♠ Bonjour messieurs dames !
♥ Bonjour ! Vous avez une table pour deux personnes, s'il vous plaît ?
♠ Attendez, je vais voir. ... Ici, ça va ?
♦ Parfait, merci.
♠ Voilà la carte. Vous désirez un apéritif ?
♦ Non merci, pas d'apéritif.
♥ Pour moi non plus, merci.
... ...
♥ Ah, regarde, il y a du cassoulet ! Avec quelles viandes ?
♦ Je ne sais pas. Appelle le serveur, on va lui demander.
♥ S'il vous plaît !
♠ Oui, monsieur.
♥ Une question : comment est préparé le cassoulet ?
♠ Le cassoulet est préparé avec du canard, du porc, de la saucisse de Toulouse et des haricots blancs.
♥ D'accord, merci.
♦ Et dans le dos de cabillaud à la provençale, il y a de l'ail ?
♠ Oui madame, il y a un peu d'ail.
♦ Alors, non, pas de cabillaud, je n'aime pas l'ail.
♥ Avec quoi est servi le poulet basquaise ?
♠ Le poulet basquaise est servi avec du riz basmati.
♥ Très bien, j'adore le riz basmati, je prends le poulet basquaise.
♠ Vous prenez une entrée ?
♥ Oui, une soupe à l'oignon gratinée, s'il vous plaît.
♠ C'est noté. Et vous madame, vous avez choisi ?
♦ Comme entrée, je prends la salade de chèvre chaud.
♠ Entendu. Et comme plat ?
♦ Ah, je ne sais pas. Qu'est-ce que vous me conseillez ?
♠ Vous préférez la viande ou le poisson ?
♦ Le poisson. Je ne mange pas de viande.
♠ La sole meunière ? Elle est servie avec une sauce au beurre et une purée de pommes de terre.
♦ Ah oui, très bien, je prends la sole meunière !
♠ Et comme boisson ?
♦ Une bouteille d'eau minérale, s'il vous plaît.
♠ Plate ou gazeuse ?
♥ Gazeuse.
♠ Une grande ou une petite bouteille ?
♥ Une grande. Tu veux du vin rouge ?
♦ Avec le poisson, je préfère le vin blanc !
♥ Bon, d'accord. Quel vin blanc conseillez-vous ?
♠ Un coteaux du Languedoc.
♥ Très bien, une demi-bouteille, s'il vous plaît.
♠ Une demi-bouteille, c'est noté messieurs dames. Merci !

Leçon 4

Activité 2

♠ Pardon monsieur !
♣ Oui, bonjour madame !
♠ Bonjour monsieur, il y a une pharmacie près d'ici ?
♣ Oui... Bon, alors, vous allez tout droit jusqu'au carrefour, ensuite vous tournez à gauche et vous continuez tout droit...
♠ Oui...
♣ Vous arrivez à une place avec une fontaine.
♠ D'accord...
♣ Vous traversez la place et vous continuez toujours tout droit et, sur votre droite, il y a la pharmacie.
♠ Et c'est loin à pied ?
♣ Non, non, c'est à trois ou quatre minutes à

pied. Vous prenez la première rue à gauche, vous traversez la place, vous continuez à marcher un peu toujours tout droit et la pharmacie est sur la droite.
♠ Merci ! Ah, et vous savez si elle est encore ouverte ?
♣ Mmm, il est quelle heure ? Sept heures... Oui, ils ferment à sept heures et demie, je crois.
♠ Bien, merci monsieur !
♣ Je vous en prie.

Activité 6

♥ Ouh là là !
♦ Chéri ! Tu es là ? C'est moi, je suis rentrée !
♥ Aïe, j'ai mal !
♦ Qu'est-ce qui se passe ?
♥ Aaaah !
♦ Dis quelque chose, je t'en prie ! Mon Dieu ! Qu'est-ce que tu as ?
♥ J'ai mal !
♦ Mais tu as mal où ?
♥ Partout !
♦ Comment partout ?
♥ Oui, regarde, j'ai mal là et là, j'ai mal partout, partout...
♦ Tu as mal où exactement ?
♥ Ben... j'ai mal à la tête, au dos...
♦ Tu as de la fièvre ?
♥ Non, je crois pas...
♦ Tu as mal au dos ?
♥ Oooh, j'ai très mal au dos !
♦ Tu peux bouger ?
♥ Ben oui, un peu...
♦ Ah bon... C'est tout ?
♥ Non... Mes jambes ! J'ai très mal aux jambes !
♦ Aux jambes aussi ?
♥ Oui... Et j'ai aussi mal à la gorge ! J'ai la gorge sèche.
♦ Ah, tu as la grippe alors.
♥ La grippe ?
♦ Mais bien sûr, avec le temps qu'il fait ! Un jour il fait chaud, un jour il pleut, un jour il fait froid, il y a du vent... Au bureau, tu sais, ils sont tous malades. Louise a un gros rhume, Jules, il tousse... Alors ce soir, tu vas au lit à 8 heures et tu manges pas !
♥ Je mange pas ? Mais pourquoi ?
♦ Ben, si tu as mal partout, c'est mieux de boire un bouillon de légumes.
♥ Un bouillon de légumes ? Oh non ! Je préfère un steak frites !
♦ Mais tu as pas mal au ventre ?
♥ Ben non...
♦ Ah bon ! Alors, un steak frites pour le grand malade...
♥ Et en dessert ?
♦ Tu veux aussi un dessert ?
♥ Ben oui, aujourd'hui j'ai rien mangé et j'ai fait un jogging avec Frédéric !
♦ Ah je comprends maintenant ! En fait, tu as seulement très faim et des courbatures partout !
♥ Oui, c'est ça...
♦ Mon pauvre chéri !

Leçon 5

Activité 1

♠ Bonjour monsieur !
♣ Bonjour madame. Vous désirez ?
♠ Des tomates, s'il vous plaît.
♣ À farcir ou à faire en salade ?
♠ Pour la salade.
♣ Voilà des tomates parfaites pour les salades.
♠ Elles ne sont pas trop mûres ?
♣ Non, regardez, elles sont encore bien fermes.
♠ D'accord. Un kilo, s'il vous plaît.
♣ Et avec ceci ?
♠ Du céleri.
♣ Comme ça ? Ça fait 400 g.
♠ Oui très bien merci, et une livre de champignons de Paris.
♣ Et voilà ! Et avec ça ?
♠ Je voudrais des abricots.
♣ Combien ?
♠ Ils sont comment ? Ils sont mûrs ?

♣ Oui, ils sont bien juteux.
♠ Bon alors, un kilo d'abricots.
♣ Autre chose ?
♠ Non, c'est tout merci. Ça fait combien ?
♣ Alors, 12 euros 45, s'il vous plaît.

Activité 9

♥ Il faut faire des courses pour le dîner ?
♦ Non… Alors, on a encore un peu de temps pour faire du shopping.
♥ Tu sais, il est déjà tard.
♦ Peut-être, mais on n'est pas souvent ensemble en ville toi et moi… Oh !
♥ Qu'est-ce qu'il y a ?
♦ Regarde ces belles chaussures !
♥ Où ?
♦ Là, les grises, à talons hauts...
♥ Tu les trouves belles ?
♦ Oui, elles sont superbes !
♥ Mais les talons ? Ils sont pas trop hauts ? Tu peux marcher avec ça ?
♦ Marcher oui, faire le marathon non. C'est pour le bureau… Et puis, elles sont si belles…
♥ Allez viens, on rentre à la maison… je vais préparer le dîner !
♦ Non, attends s'il te plaît. Regarde !
♥ Oh, non, qu'est-ce qu'il y a encore ?
♦ La jupe !
♥ Quelle jupe ?
♦ Allez, on entre !
♥ Comment on entre ? Non, il est trop tard !
♦ Allez, viens avec moi, s'il te plaît, je veux absolument essayer cette jupe !
♥ Oh là là… et comment on va la trouver dans ce grand magasin ? On n'a pas beaucoup de temps.

… …

♦ Viens, l'escalier mécanique est juste là, le rayon mode et vêtements femmes est au premier étage.

… …

♦ Excusez-moi, la jupe dans la vitrine en bas…
● Oui, où exactement ?
♦ Dans la vitrine près de la porte d'entrée, c'est une jupe bleue à carreaux…
● Ah oui. Vous voulez la voir ?
♦ Oui, s'il vous plaît.

… …

● La voilà en noir. Vous faites quelle taille ?
♦ Je fais du 40.

… …

● Voici la jupe en 40.
♦ Je peux l'essayer ?
● Bien sûr, les cabines d'essayage sont au fond à droite.
♦ Merci !

… …

♦ Comment tu me trouves ? Elle me va bien, non ?
♥ Elle coûte combien ?
♦ Attends, je regarde… 110 €.
♥ 110 € ? Pour une jupe ?
♦ Dis-moi, elle me va bien ?
♥ Euh… elle te va très bien ma chérie… Bon, on y va ?
● Alors ? Elle vous plaît ?
♦ Oui beaucoup. Je la prends !
♥ Quoi ? Tu la prends ? Mais elle est très chère !
♦ Excusez-moi mademoiselle, où se trouve le rayon des chaussures ?
♥ Bonne idée ! J'ai besoin de chaussures moi aussi et puis, on fait pas souvent les magasins ensemble toi et moi…

Leçon 6

Activité 2

♠ Eh ! Géraldine, salut ! Comment ça va ?
♣ Ah Ludovic ! Quelle surprise ! Ça va, et toi ?
♠ Pas mal, merci. Mais bon, avec cette chaleur…
♣ C'est vrai, c'est insupportable en ville ! Tu pars pas en vacances ?
♠ Si ! En septembre… peut-être. Je dois m'organiser avec le travail. Et toi, tu es déjà

partie en vacances ?
♣ Oui, on est allés à la mer comme tous les ans, au même endroit, à Collioure. On aime bien.
♠ Vous êtes restés combien de temps ?
♣ Les enfants et moi, on est restés deux semaines et Thierry, mon mari, une semaine.
♠ Vous êtes partis quand ?
♣ Les enfants et moi, on est partis fin juin et une semaine après, Thierry est venu nous retrouver.
♠ Ça s'est bien passé ?
♣ Très bien, oui ! J'ai passé beaucoup de temps dans l'eau, tu sais, j'adore nager, et les enfants aussi. Et puis j'ai eu enfin le temps de lire. J'ai lu trois romans en deux semaines ! Thierry, lui, a beaucoup joué avec les enfants et il a fait de la planche à voile. Tu sais, pendant l'année, il travaille beaucoup. Alors en vacances, il veut profiter des enfants et faire du sport.

Activité 7

♦ Devine qui j'ai rencontré aujourd'hui dans la rue !
♥ Je sais pas moi !
♦ Marilou !
♥ Marilou ? C'est qui ?
♦ Ben Marilou, la femme de Lucas Folliot !
♥ Ah oui ! Et alors ? Vous avez parlé de quoi ?
♦ Elle m'a raconté ses vacances de l'année dernière.
♥ Ils sont allés où ?
♦ En Corse.
♥ Ah oui, en Corse. C'est pas mal.
♦ Pas mal ? Génial tu veux dire ! À Calvi, dans un hôtel Relais & Châteaux cinq étoiles !
♥ Oui d'accord, mais moi, les hôtels cinq étoiles, j'aime pas trop...
♦ Toi peut-être pas, mais moi si !
♥ Ah oui ? C'est nouveau ça !
♦ Oui ! Et cette année, j'aimerais bien aller aussi dans un hôtel cinq étoiles !
♥ Oh non, pas un hôtel !
♦ Et pourquoi pas ?
♥ D'abord parce que ça coûte cher. Et puis j'aime pas être dépendant des heures de repas. Dans un appartement, tu es libre de manger quand tu veux. Tu peux te lever quand tu veux, prendre ton petit-déjeuner à midi. Et puis, tu dois pas te changer trois fois par jour pour aller manger.
♦ Oh là là, toujours la même histoire !
♥ Écoute Mathildou, tu sais bien, moi en vacances, j'ai besoin de me détendre et de me reposer. Hier, j'ai parlé avec Thomas, ils sont allés sur la côte atlantique l'an dernier.
♦ Comme d'habitude...
♥ Oui, mais cette fois ils ont trouvé une location face à l'océan, avec balcon et vue sur la mer, un appart avec le confort et pas trop cher...
♦ C'est bien pour eux.
♥ Ils ont été très contents de la location et de l'endroit. Thomas m'a donné le nom et le numéro de téléphone de l'agence. J'ai déjà regardé sur Internet.
♦ T'as pas perdu de temps !
♥ Alors, écoute, l'appart a une chambre avec un grand lit, un salon avec balcon, une cuisine séparée, une salle de bains bien sûr, et il se trouve près de la plage.
♦ À quel étage ?
♥ Au troisième étage.
♦ Il y a un ascenseur ?
♥ Je sais pas.
♦ Il y a un lave-linge ?
♥ Oui !
♦ Et un lave-vaisselle ?
♥ Non, mais d'habitude en vacances, on fait pas souvent la cuisine. On va au restaurant. Tu sais, on mange bien dans le Sud-Ouest.
♦ Ah oui, c'est vrai.
♥ Alors, qu'est-ce que tu en penses ?
♦ Tu voudrais partir quand ?
♥ La location est encore libre au mois de juillet. On peut réserver les deux premières semaines de juillet. Ça te dit ?
♦ Mmm... dommage pour la Corse...

Lösungen

Leçon 1

1.

a. **Réponses possibles :** anglais, américain, autrichien, brésilien, canadien, chinois, italien, japonais, marocain, mexicain, polonais, russe, etc.

2.

a. Le garçon de la photo numéro 2, c'est Jérémy. La fille de la photo numéro 3, c'est Hilary.

b. Nom : Hilary ; Nationalité : anglaise ; Lieu de naissance : Londres ; Lieu de résidence : Lyon ; Âge : 24 ans ; État civil : mariée ; Langues : anglais, français, italien et espagnol.

c. **Réponses possibles :** Tu t'appelles comment ? / Vous vous appelez comment ? ; Tu es d'où ? / Vous êtes d'où ? ; Tu habites où ? / Vous habitez où ? ; Tu as quel âge ? / Vous avez quel âge ? ; Tu es marié(e) ? / Vous êtes marié(e) ? ; Quelles langues parles-tu ? / Quelles langues parlez-vous ?

4.

a. médecins, agents du fisc, artistes, pilotes, leader sportif, dictateur, dentistes, athlètes professionnels, prix Nobel, physiciens, sportifs, coiffeur, maçon, serial-killers

b. **Réponses possibles :** cuisinier, employé, informaticien, ingénieur, journaliste, professeur, secrétaire, vendeur, etc.
Le mois d'octobre n'est pas dans l'article.

5.

a. Mathilde et son mari parlent de la fête d'anniversaire de Mathilde.

b. **1.** une fête ; son anniversaire ; **2.** ses collègues, les voisins, son frère, des amis

c. Les personnes décrites dans le dialogue sont Marie (dessin numéro 2) et Pauline (dessin numéro 3).

6.

a. Bernard est petit et gros. Il a les cheveux courts et châtains. Il porte la barbe. Il a les yeux bleus.

7.

Réponses possibles :
Alain et Claire sont les parents de François et Fabienne. François est le fils d'Alain et Claire. Fabienne est la fille d'Alain et Claire. Étienne et Gisèle sont les grands-parents de François, Fabienne, Léa et Jérôme. François est le petit-fils d'Étienne et Gisèle. Fabienne est la petite-fille d'Étienne et Gisèle.
Fabienne est la sœur de François. Didier est l'oncle de François et de Fabienne.
Claire est la tante de Léa et de Jérôme.
François est le cousin de Léa et de Jérôme.
Fabienne est la cousine de Léa.

8.

a. Mathilde écrit à son frère Victor.

b. Mathilde veut inviter son amie d'enfance (Nadia) et son mari (Valentin), Béatrice et Jamel, ses collègues de bureau (Marie, Pauline et Charlotte), ses amies du yoga et son frère. Mathilde ne veut pas inviter les amis et les parents de son mari.

9.

gai ≠ triste ; réservé ≠ ouvert ;
méchant ≠ gentil ; intéressant ≠ ennuyeux

Récapitulons

1.

2. Il est d'où ? 3. Il habite où ? 4. Il a quel âge ? 5. Qu'est-ce qu'il fait dans la vie ?

2.

Réponses possibles : Angelo est grand et mince. Il a les cheveux courts et bruns. Il a les yeux verts. Il porte la barbe. Il n'est pas petit. Il n'est pas gros. Il n'est pas chauve. Il n'a pas les cheveux longs. Il ne porte pas de lunettes.

3.

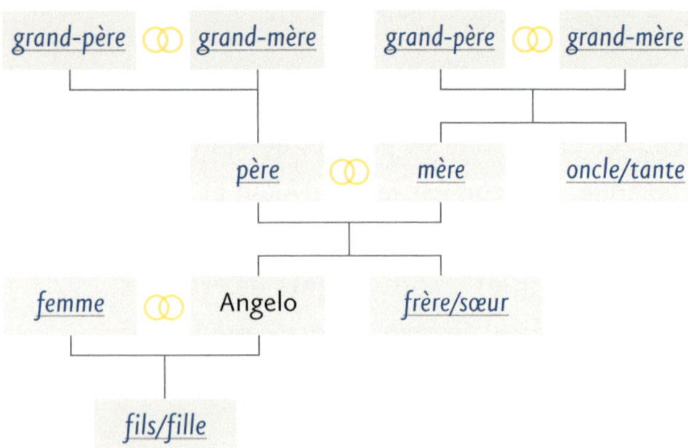

Leçon 2

1.

a. Corinne : 5; Vanessa : 2; Thierry : 3

b. **le matin :** se lever, prendre une douche, préparer le petit-déjeuner, accompagner les enfants à l'école, allumer l'ordi(nateur), courir au bureau
à midi : faire une pause déjeuner / une petite pause, déjeuner au café, manger à la cantine
l'après-midi : finir de travailler, faire les courses, aller chercher les enfants, rentrer à la maison, travailler
le soir : ranger, préparer le dîner, rentrer du travail, dîner, regarder la télé, sortir, aller au cinéma / au théâtre / à un vernissage, retrouver des amis, manger avec des amis, aller au club de sport, retrouver sa copine, passer la soirée avec sa copine

3.

c. Il ne prend jamais de petit-déjeuner. Il ne va jamais au lit avant une ou deux heures du matin. Il ne fait jamais la cuisine.
Il est toujours fatigué. Il travaille toujours jusqu'à 18 h 30. Il dîne toujours chez ses parents le lundi soir, et il va toujours au sport le mardi.

4.

a. toujours – souvent – quelquefois / parfois – rarement – jamais

5.

en hiver : décembre, janvier, février ;
au printemps : mars, avril, mai ; **en été :** juin, juillet, août ; **en automne :** septembre, octobre, novembre

6.

a. Mathilde et son mari parlent d'un long week-end : le pont du 29 mai.
Les dates : 26 mai, 27 mai, 28 mai, 29 mai, 30 mai, 31 mai, 1er juin ; **les jours de la semaine :** lundi, mardi, mercredi, jeudi, vendredi, samedi, dimanche

b. 1. François veut aller à la dune du Pilat.
2. Mathilde voit ses amies mercredi soir.
3. François veut partir mercredi soir. Mathilde veut partir jeudi matin ou jeudi après-midi.
4. Roger a proposé d'aller à l'île de Ré.

c. Ça te dit... ? ; Bon d'accord. ; Volontiers ! ; Quelle bonne idée ! ; Désolé(e) ! ; Entendu ! ; C'est pas possible.

d. **faire une proposition :** Ça te dit... ? ; Tu as envie de... ? ; **accepter :** Bon, d'accord. ; Volontiers ! ; Quelle bonne idée ! ; Entendu !
refuser : Non, j'ai pas envie. ; Pas question ! ; Désolé(e) ! ; C'est pas possible !

8.

b. Mathilde **doit** annuler le rendez-vous avec ses amies parce que son mari et elle **veulent** passer le long week-end de l'Ascension à la mer. François **veut** partir mercredi parce qu'il ne **veut** pas perdre un jour de vacances.

9.

a. **quand on regrette, on dit :** malheureusement ; je suis désolé(e) ; **pour exprimer un souhait, on dit :** j'aimerais... ; **pour commencer un mail, on dit :** cher(s) / chère(s)... ; **pour terminer un mail, on dit :** bises

Récapitulons

1.

a. **Réponses possibles :** Christelle prend sa douche. Christelle prend son petit-déjeuner. À 9 h, Christelle commence à travailler. À 18 h, Christelle rentre à la maison. Le soir, Christelle dîne avec son mari / son partenaire. Ils regardent la télé. Puis Christelle lit le journal. À 23 h, Christelle va au lit.

2.

Réponses possibles : Ça te dit d'aller à la montagne samedi / le samedi 22 juillet ? On peut partir le matin vers 8 h 30 ? ; Tu as envie d'aller au cinéma mardi soir ? On peut aller à la séance de 20 h ? ; Tu as envie d'aller au restaurant marocain jeudi soir ? On peut réserver une table pour 20 h 30 ?

Leçon 3

1.

a. texte 1 = photo 1 ; texte 2 = photo 3 ; texte 3 = photo 2

b. **1.** situé au centre-ville ; chambres avec terrasse et vue sur Notre-Dame de la Garde ; salles de bains modernes et spacieuses, avec baignoire, douche et produits L'Occitane en Provence ; décoration très design ; **2.** hôtel de luxe ; situé dans une falaise de la Loire ; chambres orientées sud avec vue sur la Loire et décorées avec élégance ; salle de fitness, une piscine chauffée à 28° ; restaurant gastronomique ; **3.** situé à deux pas du Parc des Expositions et avec un accès direct au centre de Paris ; 47 chambres spacieuses et confortables, rénovées dans un style moderne, équipées de l'air conditionné, d'un téléphone direct, d'une télévision satellite, du Wi-Fi et d'un coffre-fort ; parking

2.

a. **Linke Spalte:** le minibar, les boissons, la table de nuit, l'armoire ; **rechte Spalte:** le téléphone, la porte, le tapis

b. Sur le lit, il y a la clé. / La clé est sur le lit. ; À côté de l'armoire, il y a la table de nuit. / La table de nuit est à côté de l'armoire. ; Sur la table de nuit, il y a un journal. / Le journal est sur la table de nuit. ; Près du lit, il y a le minibar. / Le minibar est à près du lit. ; Sous le lit, il y a le tapis. / Le tapis est sous le lit. ; Devant le lit, il y a le téléphone. / Le téléphone est devant le lit.

3.

a. Date d'arrivée : 14 septembre ; Date de départ : 17 septembre ; Type de chambre : chambre double avec grand lit

b. La chambre donne sur la cour. Dans la chambre, il y a un coffre-fort et l'air conditionné. L'hôtel dispose d'un ascenseur.

c. **les clients :** La chambre est calme ? ; Il y a un coffre-fort ? ; La vue n'est pas belle, alors... ; Il y a l'air conditionné ? ; **le réceptionniste :** Vous avez une pièce d'identité ? ; Voilà les clés. ; Quelqu'un va monter vos bagages. ; L'ascenseur est à droite derrière vous.

d. Les Chambertin ont réservé l'hôtel Gentil à Paris, parce qu'il y a l'air conditionné, un coffre-fort et une station de métro près de l'hôtel.

5.

a. le cassoulet ; le plateau de fruits de mer ; la charlotte aux fraises ; la salade de chèvre chaud

c. **Entrées** : la salade de chèvre chaud, le foie gras de canard, la soupe à l'oignon gratinée, l'assiette de saumon fumé ; **Plats de viandes** : le poulet basquaise, le cassoulet, le filet de bœuf à la sauce au poivre, la blanquette de veau ; **Plats de poissons** : la bouillabaisse, le plateau de fruits de mer, le dos de cabillaud à la provençale, la sole meunière ; **Desserts** : l'île flottante, la charlotte aux fraises, la mousse au chocolat, la crème brûlée

6.

a. la salade de chèvre chaud ; la sole meunière ; la soupe à l'oignon gratinée ; le poulet basquaise.

b. une grande bouteille d'eau gazeuse ; une demi-bouteille de vin blanc

c. Pour moi,... ; S'il vous plaît ! ; Comment est préparé le cassoulet ? ; Il y a de l'ail dans le dos de cabillaud à la provençale ? ; Je prends... ; Avec quoi est servi le poulet basquaise ? ; Vous avez une table pour deux personnes ? ; Qu'est-ce que vous me conseillez ?

d. **1.** Vous avez une table pour deux personnes ? **2.** S'il vous plaît ! 3. Vous pouvez nous apporter la carte, s'il vous plaît ? **4.** Comment est préparé le cassoulet ? **5.** Il y a de l'ail dans le dos de cabillaud à la provençale ? **6.** Avec quoi est servi le poulet basquaise ? **7.** Je prends... ; Pour moi,... **8.** Qu'est-ce que vous me conseillez ? **9.** L'addition, s'il vous plaît !

Récapitulons

1.

Réponses possibles : **2.** Il y a un coffre-fort dans la chambre ? **3.** Il y a l'air conditionné dans la chambre ? **4.** Il y a une salle de fitness dans l'hôtel ? **5.** Il y a une station de métro près de l'hôtel ? **6.** Il y a un ascenseur ? / Où est l'ascenseur ?

2.

La valise est : **1.** sous le lit **2.** à côté du lit **3.** devant la porte **4.** sur le lit **5.** dans l'armoire **6.** derrière la porte

3.

2. S'il vous plaît ! **3.** Comment est préparé(e) le / la... ? **4.** Avec quoi est servi... ? **5.** Il y a du / de la / des... dans... ? **6.** Comme..., je prends... / Pour moi, ... **7.** L'addition, s'il vous plaît !

Leçon 4

1.

a. Il s'agit de Bayonne : photo numéro 2. La ville a une cathédrale gothique et est située à la rencontre de deux fleuves.

b. **infrastructure** : port, parking, bus, pistes cyclables ; **culture** : cathédrale, musée, muséum, remparts ; **nature** : chemin, fleuves, jardin botanique, espaces naturels, montagnes, océan
Autres réponses possibles : **infrastructure** : aéroport, gare, métro, tramway, taxi ; **culture** : palais, théâtre, opéra ; **nature** : parc, lac, colline, rivière

2.

a. **1.** tourner / prendre à gauche ; **2.** tourner / prendre à droite ; **3.** traverser la place ; **4.** aller au bout de la rue ; **5.** aller / continuer tout droit ; **6.** prendre la deuxième rue à droite ; **7.** arriver au carrefour ; **8.** aller jusqu'au feu

b. La dame cherche une pharmacie.

3.

Pardon monsieur (/madame) ! / Excusez-moi ! ; Il y a une pharmacie près d'ici ? / Je cherche une pharmacie. ; Où se trouve (/est) la Pharmacie Centrale ? / Pour aller à la Pharmacie Centrale ? ; Elle est loin, la pharmacie ?

5.

a.

6.

a. la tête, le dos, les jambes, la gorge, le ventre

b. 1. Il a mal à la tête. ; Il a mal au dos. ; Il a mal aux jambes. ; Il a mal à la gorge. 2. Il a la grippe. 3. Il a faim et il a des courbatures.

8.

a. 1. le comprimé ; 2. les gouttes ; 3. la pommade ; 4. le sirop ; 5. le pansement

b. **Réponses possibles :** 1. Bonjour, j'ai mal au dos. Qu'est-ce que je peux faire ? – 2. ; 2. Bonjour, j'ai très mal à la gorge. Qu'est-ce que je peux prendre ? – 3. ; 3. Bonjour monsieur, j'ai mal à la tête. Qu'est-ce que vous me conseillez ? – 1

9.

a. 1. Il pleut 2. Il y a des nuages. 3. Il fait froid. 4. Il neige. 5. Il y a du vent. 6. Il y a du soleil. / Il fait beau. 7. Il fait chaud. 8. Il y a de l'orage. **Sans dessin :** Il y a du brouillard.

Récapitulons

1.

2. tourner (/prendre) à droite ; 3. prendre la deuxième rue à droite ; 4. arriver au carrefour ; 5. aller / continuer tout droit ; 6. traverser la place

2.

Réponses possibles : 2. Excusez-moi, où se trouve (/est) la gare ? / Pour aller à la gare ? / Je cherche la gare. 3. Excusez-moi, il y a une banque (/un distributeur de billets) près d'ici ? / Je cherche une banque (/un distributeur de billets). 4. Excusez-moi, il y a une pharmacie près d'ici ? / Je cherche une pharmacie.

3.

Nantes : Il y a du soleil, il fait 22°C. **Lille :** Il y a des nuages, il fait 20°C. **Lyon :** Il y a de l'orage, il fait 26°C. **Marseille :** Il y a du vent, il fait 29°C. **Toulouse :** Il pleut, il fait 27°C.

Leçon 5

1.

a. **Fruits :** bananes, mandarines, pommes, oranges, kiwis, clémentines, prunes ; **Légumes :** haricots, épinards, carottes, pommes de terre, choux de Bruxelles

b. un kilo de tomates ; 400 g de céleri ; une livre de champignons ; un kilo d'abricots

c. **boucherie / charcuterie :** jambon blanc, viande hachée ; **poissonnerie :** cabillaud ; **crèmerie / fromagerie :** lait, camembert, yaourts nature ; **boulangerie / pâtisserie :** pain, tarte aux pommes ; **supermarché :** lessive, dentifrice

3.

a. ♠ Des tomates, s'il vous plaît. ; ♠ Pour la salade. ; ♣ Comme ça ? Ça fait 400 g. ; ♣ Et voilà ! Et avec ça ? ; ♠ Ils sont comment ? Ils sont mûrs ? ; ♠ Bon alors, un kilo d'abricots. ; ♣ Autre chose ? ; ♠ Non, c'est tout merci. Ça fait combien ?

4.

a. **Réponses possibles :** Pour six personnes : **assiette de crudités** (1 kg de tomates, 500 g de carottes, 3 concombres, huile, vinaigre, sel, poivre) ; **coq au vin et pommes de terre** (1 coq de 2,5 kg, 200 g de lardons, 200 g de champignons de Paris, 800 g de pommes de terre, 200 g de petits oignons blancs, 1 l de vin rouge, farine, huile, ail, sel, poivre) ; **tarte aux fraises** (1 kg de fraises ; 290 g de farine, 125 g de beurre, 110 g de sucre, 3 œufs pour la pâte sablée et la crème pâtissière (plus 25 cl de lait).

5.

a. **1.** Faux. Les Français mangent aussi quelque chose au petit-déjeuner. **2.** Faux. Le matin, ils mangent des tartines, parfois un croissant ou un pain au chocolat. **3.** Vrai **4.** Vrai **5.** Faux. Ils mangent en général du fromage midi et soir. **6.** Faux. La France est le premier consommateur de vin en Europe. **7.** Vrai

6.

a. **1.** vêtements ; **2.** chaussures ; **3.** beauté ; **4.** lingerie

c. 5 pantalon blanc en coton ; 7 chaussures grises à talons hauts ; 3 ceinture marron en cuir ; 2 pull à col roulé noir en laine ; 4 chemise verte à rayures blanches en coton ; 1 robe imprimée en soie ; 8 doudoune rouge imperméable en plumes d'oie ; 6 jupe bleue a carreaux ; 9 sac à main rose en cuir

9.

a. Mathilde et François sont dans un grand magasin.

b. **1.** des chaussures et une jupe ; **2.** une jupe noire à carreaux ; 40 ; **3.** 110 euros

c. **1.** Excusez-moi, la jupe dans la vitrine en bas… **2.** Vous faites quelle taille ? **3.** Je fais du 40. **4.** Je peux l'essayer ? **5.** Elle coûte combien ? **6.** Alors, elle vous plaît ? **7.** Oui, beaucoup ! Je la prends.

Récapitulons

1.

Réponses possibles : 1. Bonjour, je voudrais une livre de tomates, s'il vous plaît. **2.** Et avec ceci ? **3.** Deux kilos de pommes de terre. **4.** Et voilà ! Et avec ça ? **5.** Un kilo de pommes. **7.** Non, c'est tout merci. Ça fait combien ? **8.** Ça fait 8 euros 60.

2.

Réponses possibles : 1. Je voudrais voir le pantalon blanc de la vitrine **3.** Je fais du 42. **5.** Je peux l'essayer ? **7.** Il me va très bien. Il coûte combien ? **9.** D'accord, je le prends.

Leçon 6

1.

a. **à la mer :** prendre un bain de soleil, se baigner, nager, faire de la planche à voile, faire de la plongée libre, faire des balades à vélo ; **à la montagne :** faire de la randonnée, skier, faire des balades à vélo, faire des excursions ; **dans une ville historique :** visiter le centre historique, visiter les musées, faire une visite guidée

2.

a. Géraldine a passé deux semaines de vacances à Collioure.

b. **Géraldine :** est partie fin juin ; a beaucoup nagé ; a beaucoup lu ; **Thierry :** est parti début juillet (une semaine après); a fait de la planche à voile ; a joué avec les enfants ; **les enfants :** sont partis fin juin ; ont beaucoup nagé ; ont joué avec leur père

4.

a. Éloïse : 5 / 2 ; Driss: 3 ; Camille: 1

b. **voir :** nous avons vu ; **être :** (ce voyage) a été, (la semaine) a été ; **avoir :** on a eu ; **faire :** nous avons fait, on a fait ; **prendre :** j'ai pris ; **pouvoir :** on a pu ; **lire :** j'ai (beaucoup) lu

6.

a.

b. **Réponses possibles :**
dans le salon : la table, la chaise, le fauteuil ; (**autres :** le canapé, le tapis, la commode, la lampe, la télévision, le lecteur DVD, etc.)
dans la chambre : l'armoire, le miroir, la table, la chaise, l'ordinateur ; (**autres :** le lit, la table de nuit, la lampe, la commode, le tapis, etc.)
dans la salle de bains : le lave-linge, le miroir ; (**autres :** le lavabo, la douche, le bidet, le tapis, etc.)
dans la cuisine : le lave-vaisselle, le réfrigérateur, la cafetière ; (**autres :** la cuisinière, le four à micro-ondes, le placard, le grille-pain, la bouilloire électrique, etc.)
dans l'entrée : le miroir, l'armoire ; (**autres :** la commode, la lampe, etc.)

7.

a. Mathilde et François parlent de leurs prochaines vacances d'été. Ils veulent aller à la mer. Mathilde veut aller en Corse et François sur la côte atlantique.

b. **1.** François parle de la location numéro 3. **2.** un balcon, un lave-linge ; **3.** de manger quand on veut ; de ne pas dépenser trop d'argent ; de se détendre ; d'aller dans différents restaurants

8.

a. L'annonce numéro 2 (Mimizan) décrit la location du dialogue parce que l'appartement est près de la mer, il a une cuisine séparée, une chambre avec un lit double, une salle de bains avec un lave-linge et un balcon.

9.

a. **1.** vacances en camping ; **2.** voyage organisé ; **3.** vacances à l'hôtel à la mer ; **4.** tourisme rural ; **5.** vacances sport et aventure

Récapitulons

1.

Réponses possibles : faire du sport (de la planche à voile, de la plongée libre, des balades à vélo, du ski), des excursions, une visite guidée, du shopping, etc. ; **visiter** le centre historique, les musées, les châteaux, etc. ; **prendre** un bain de soleil, des photos, une glace, etc. ; **aller** au restaurant, à la plage, au café, à la boutique de souvenirs, etc.

Quellenverzeichnis

Coverbild: © Corbis/Onoky/Fabrice Lerouge | **Seite 6:** Landkarte © fotolia/photallery; Brighton und Barcelona © Thinkstock/iStockphoto; Rom und Paris © Thinkstock/Zoonar | **Seite 7:** 1 © iStockphoto/YazolinoGirl; 2 © iStockphoto/GlobalStock; 3 © Thinkstock/Ron Chapple Studios; 4 © Thinkstock/iStockphoto | **Seite 9:** Tafel © fotolia/Carolina K Smith MD; Kasse © iStockphoto/AndyL; Ordner © fotolia/Gina Sanders; Stethoskop © fotolia/babimu; Helm © fotolia/Olaf Wandruschka; Text nach: Les docteurs naissent en janvier, www.7sur7.be, 06.09.2011 © De Persgroep | **Seite 11:** Paar links © Thinkstock/Getty Images/Photos.com; Paar rechts © iStockphoto/svetikd | **Seite 12:** © fotolia/Kzenon | **Seite 13:** © Thinkstock/iStockphoto | **Seite 14:** 1 © Thinkstock/iStockphoto; 2 © Thinkstock/Creatas Images; 3 © Thinkstock/Photodisc/Steve Mason; 4 © Thinkstock/Wavebreak Media; 5 © Thinkstock/Purestock; 6 © Thinkstock/iStockphoto | **Seite 15:** oben © iStockphoto/Trokantor; Mitte © fotolia/photocrew; unten © fotolia/Thomas Oswald | **Seite 16:** © Corbis/Plattform/Johnér Images | **Seite 18:** alle Fotos © fotolia/Delphimages | **Seite 19:** © Thinkstock/iStockphoto | **Seite 20:** © Thinkstock/iStockphoto | **Seite 22:** 1, 2 © Thinkstock/iStockphoto; 3 © Demeure de la Vignole/Philippe Body | **Seite 26:** oben links © fotolia/SOLLUB; oben rechts © fotolia/aquaphoto; unten links © fotolia/Jérôme Rommé; unten rechts © fotolia/FOOD-micro | **Seite 30:** Lille © Glowimages/Vidler Steve; Bayonne © Cedric Pasquini/hemis/laif; Nancy © fotolia/Marc Rigaud; Frankreichkarte © fotolia/Arid Ocean | **Seite 31:** oben © fotolia/Stéphane Parisi; Bergues © fotolia/vipaladi | **Seite 34:** Skulptur © iStockphoto/joecicak; Frau © Thinkstock/Hemera | **Seite 36/37:** Wettersymbole © fotolia/artcop; Frankreichkarte © iStockphoto/FrankRamspott | **Seite 38:** © iStockphoto/36clicks | **Seite 40:** © Shutterstock.com/Vietrov Dmytro | **Seite 41:** Tafel © Thinkstock/iStockphoto | **Seite 42:** Geschäfte: 1, 4 © Thinkstock/iStockphoto; 2 © PantherMedia/TONO BALAGUER; 3 © fotolia/Iakov Filimonov; Bekleidung: 1, 3, 6, 7 © Thinkstock/iStockphoto; 2 © iStockphoto/powerofforever; 4 © fotolia/Elnur; 5 © iStockphoto/ARSELA; 8 © iStockphoto/skodonnell; 9 © fotolia/Alexandra Karamyshev | **Seite 43:** alle Fotos © Thinkstock/iStockphoto | **Seite 44:** Tasche © fotolia/Andrey Armyagov; Rock © iStockphoto/dendong; Krawatte, Mantel, Handschuhe © Thinkstock/iStockphoto; Hose © iStockphoto/penguenstok; Schuhe © iStockphoto/stocksnapper; Pullover © Thinkstock/Hemera | **Seite 46:** Strand © iStockphoto/CraigSwatton; Skifahren, Wandern © Thinkstock/iStockphoto; Avignon © Thinkstock/Top Photo Group | **Seite 48:** Familie © Thinkstock/Wavebreak Media; Frauen © iStockphoto/IS_ImageSource; 1 © fotolia/photocrew; 2 © Thinkstock/Hemera; 3 © iStockphoto/GlobalP; 4 © Thinkstock/iStockphoto; 5 © fotolia/Okea | **Seite 52:** 1, 3, 5 © Thinkstock/iStockphoto; 2 © iStockphoto/@laurent; 4 © iStockphoto/fotoVoyager | **Seite 54:** Wettersymbole © fotolia/artcop; Frankreichkarte © iStockphoto/FrankRamspott
Illustrationen: © Dorkenwald Grafik-Design & Artwork, München

Inhalt des MP3-Downloads

Gesamtlaufzeit: 21:43 Minuten | | **Sprecher:** Jean-Victor Alipour, Ingrid Barzic, Karen Emmendorfer, Jean-Louis Leroy, Sabine Lippi, Olivier Thomazo, Yves Vatin-Pérignon | **Produktion:** Tonstudio Langer, 85737 Ismaning, Deutschland

Notes

Notes